国家自然科学基金青年科学基金项目——同化效应与对比效应：原生广告对消费者视觉注意与广告效果的影响研究（编号：72002003）

同化效应与对比效应：

原生广告披露对消费者态度和行为意向的影响

尹世民　著

西南财经大学出版社
Southwestern University of Finance & Economics Press

中国·成都

图书在版编目(CIP)数据

同化效应与对比效应:原生广告披露对消费者态度和行为意向的影响/尹世民著.—成都:西南财经大学出版社,2023.12
ISBN 978-7-5504-6034-8

Ⅰ.①同… Ⅱ.①尹… Ⅲ.①广告—影响—儿童—消费者行为论—研究 Ⅳ.①F713.8②F713.55

中国国家版本馆 CIP 数据核字(2023)第 248292 号

同化效应与对比效应:原生广告披露对消费者态度和行为意向的影响
TONGHUA XIAOYING YU DUIBI XIAOYING:YUANSHENG GUANGGAO PILU DUI XIAOFEIZHE TAIDU HE XINGWEI YIXIANG DE YINGXIANG

尹世民 著

策划编辑:李特军
责任编辑:李特军
责任校对:冯 雪
封面设计:张姗姗
责任印制:朱曼丽

出版发行	西南财经大学出版社(四川省成都市光华村街55号)
网 址	http://cbs.swufe.edu.cn
电子邮件	bookcj@swufe.edu.cn
邮政编码	610074
电 话	028-87353785
照 排	四川胜翔数码印务设计有限公司
印 刷	四川五洲彩印有限责任公司
成品尺寸	170mm×240mm
印 张	12.25
字 数	207 千字
版 次	2023 年 12 月第 1 版
印 次	2023 年 12 月第 1 次印刷
书 号	ISBN 978-7-5504-6034-8
定 价	78.00 元

前　言

在数字广告领域的持续创新和发展背景下，原生广告作为一种新型数字广告形式备受学界和业界的关注。与传统广告形式不同，原生广告以融入用户体验为目标，致力于提供更加自然且有效的广告效果。然而，随着原生广告的普及，一个重要问题备受关注：广告披露方式如何影响消费者的态度和行为意向？在此背景下，本书以软文原生广告为对象，探讨主动披露和被动披露方式对消费者广告态度、品牌态度、平台态度、购买意愿和分享意愿的影响，同时也对其中介机制和调节效应进行了探讨。

本书通过一系列实验研究，模拟软文原生广告的主动披露和被动披露等具体形式，探讨其对消费者态度和行为意向的影响。本书由三个独立的研究项目组成，分别聚焦不同的情境和披露方式，以全面解析软文原生广告披露的效果。具体而言，研究一模拟广告位置竞争的情境，探究软文原生广告中面临不同评价模式的被动披露方式对消费者态度和行为意向的影响；研究二模拟商业流量变现的情境，探究软文原生广告中提供伴随购买链接的被动披露方式对消费者态度和行为意向的影响；研究三模拟社交媒体平台中用户生成内容的情境，研究软文原生广告提供披露语言的主动披露方式对消费者态度和行为意向的影响。

通过三个研究的全面分析，本书得出关于软文原生广告披露方式对广告效果影响的结论。作为广告商，其如果主动地向消费者明确标注广告内容和公开揭示赞助关系，将有助于消费者理解广告的商业意图和目的，可以促进消费者产生积极的态度与行为意向。但如果缺乏明确的广告标识和赞助关系提示，消费者依赖其他披露线索产生的被动披露现象，可能引发消费者的怀疑和不信任，进而导致消极的消费者态度与行为意向。赞助透明度和感知欺骗在软文原生广告披露与因变量之间起中介作用。无论主动披露与被动披露，说服知识都强化了软文原生广告披露对消费者态度和行为意向的影响。

本书的重要性在于,为读者提供了深入理解软文原生广告披露方式对广告效果影响的机会。最后,要衷心感谢王杭婧、杨靖和夏舒燕三位同学的协助和参与。本书中,研究一关于"广告评价模式的影响"由我和王杭婧同学合作展开;研究二关于"伴随购买链接的影响"由我和杨靖同学合作展开;研究三关于"广告披露语言的影响"由我和夏舒燕同学合作展开。她们的辛勤付出使本书得以顺利完成。希望本书能够为学术界和广告从业者提供有价值的信息,期待读者可以从本书中获得关于原生广告披露方式的见解,以及如何利用这些见解改进原生广告的投放和沟通策略。

尹世民

2023 年 9 月

目　录

第一章　绪论

第一节　研究背景和意义

一、研究背景

随着移动互联网和新媒体技术的不断革新，我们正处于一个"人人即媒体，万物皆通路"的时代。社交媒体的形式与内容日益丰富，媒体渠道的选择更加广泛，信息传播逐渐呈现出碎片化的趋势。类似于传统媒体，数字媒体同样遵循着注意力经济的规则，即在用户的有限注意力下，企业需要充分利用数字媒体的特性，有效地开发、分配和管理用户的注意力资源，以确保广告信息在庞大的信息海洋中得以有效传播。

特别是随着人工智能等技术的飞速发展，一些新兴技术（例如大数据和云计算等）开始成为广告商的重要工具。通过对用户数据进行深入分析，广告商可以更准确地洞察用户的兴趣和偏好，借助智能算法实现原生广告的个性化与定向投放，使得基于消费者行为数据的原生广告能够更加精准地接触到目标受众，进而提升广告传播的效果和效益。

原生广告是一种在媒体平台上与自然内容无缝融合的广告形式，旨在提供更好的用户体验和广告效果。它与传统广告形式相比，更具有用户友好性和隐蔽性（Campbell & Evans, 2018；Wojdynski & Evans, 2016）。一些公司通过使用原生广告获得重要的商业成功，同时原生广告的表现形式和信息内容也得到丰富与扩展。

在搜索引擎领域，2001 年，互联网广告在这一年迎来了爆发式增长，谷歌推出了广告单元（Ad Units），这种将广告无缝融入网页内容中的创新广告形式，标志着原生广告进入起步阶段。2005 年，谷歌推出搜索广告，以原生的方式在搜索结果页面上呈现广告。搜索广告实现了广告与用户搜索意图的匹配，为广告商提供了高度定位和可衡量的广告效果。2015 年，谷歌推出原生广告网络，将原生广告扩展到更广泛的网站和应用程序，为广告商和发布商提供了更多的选择和机会。

在社交媒体领域，2006 年，推特（Twitter）开始引入推广帖文，允许广告商将品牌信息直接嵌入用户的时间线中。这种形式的广告可以根据用户的兴趣和关注点进行定向投放。2013 年，推特（Twitter）推出原生广告平台，为广告商提供了在用户时间线中以原生形式展示广告的机会，进一步推动了原生广告的发展。2010 年，脸书开始向其社交媒体平台引入社交广告，以原生的方式融入用户的社交内容，提供更具个性化和针对性的广告体验。同年，Instagram 开始与品牌合作，推出品牌合作内容和赞助帖子，以原生的方式呈现在用户的时间线上，与用户的照片和视频流无缝融合。2016 年，脸书和 Instagram 推出 Canvas 和 Stories 广告，以原生的方式呈现在移动设备上，为品牌提供了更具吸引力和沉浸式的广告体验。

此外，一些国际品牌商开始认识到原生广告的商业价值，纷纷推出专有品牌的原生广告。早在 2005 年，红牛（Red Bull）通过原生广告在极限运动和音乐媒体上建立了强大的品牌形象。其与各类极限运动比赛和音乐活动合作，通过赞助和原生广告的形式，将品牌与激情、能量和刺激相联系，不仅展示了红牛（Red Bull）作为一种能量饮料的特点，还体现了品牌所代表的生活方式和价值观。2014 年，爱彼迎（Airbnb）使用原生广告推广其独特的民宿服务，他们与 BuzzFeed 等平台合作，以有趣的故事和图片展示爱彼迎（Airbnb）的独特住宿体验，帮助用户更好地了解爱彼迎（Airbnb）的价值主张。同时，BuzzFeed 通过自己的广告业务，与其他品牌商合作创作原生广告，将品牌故事和产品信息以有趣的方式融入内容中，品牌商广告与 BuzzFeed 的内容风格相契合，通过轻松幽默的方式吸引了广大受众的关注。

在中国品牌的推动下，原生广告同样在中国市场上取得长足发展。一些互联网公司率先使用原生广告宣传品牌和开展促销活动，例如，2015年，微博将广告以微博文的形式融入用户内容流中，为品牌提供更具互动性和个性化的原生广告体验。2016 年，微信推出原生广告计划，以朋友圈广告和公众号广告的形式出现在用户社交内容中，在中国市场上取得了巨大的成功。2017 年，百度推出了原生广告平台"百青藤"，为广告商提供了在百度搜索和信息流中投放原生广告的机会。2020 年，抖音（TikTok）成为全球范围内备受关注的社交媒体平台，其推出一系列原生形式广告，将品牌内容和用户生成的短视频无缝融合。

以上案例表明，国内外大型企业大量使用原生广告，不仅体现了他们在营销传播策略中的敏锐眼光，还突显了原生广告的独特优势和价值。首先，原生广告成功绕过了传统形式广告对用户的干扰，实现与媒体内容的自然融合，大幅提升了受众的接受度。其次，借助先进的数据分析和智能算法，原生广告能够实现个性化投放，精准触达目标用户，极大增强了广告的针对性和传播效果。最后，原生广告还可以通过与媒体内容的有机结合，在有限的用户关注时间内成功地传递品牌信息，有力地提升品牌的知名度和认知度（程明和魏璋倩，2016）。

作为一种深度融合于媒体内容中的广告模式，原生广告为企业开启了更为灵活多样的传播途径。不过，虽然原生广告的优势引人瞩目，但同样伴随着一些法律与伦理的争议。例如，原生广告的隐蔽性可能导致消费者难以准确识别其商业本质，从而损害消费者的知情权（Wojdynski & Evans，2016）。消费者可能感到被误导，对广告的真实性提出质疑。因此，为确保公平交易环境和信息透明度，一些国家和行业开始针对原生广告的法规和准则，要求原生形式的广告在展露时，必须明确标注其商业性质（FTC，2015；IAB，2013，2019）。

因此，在数字广告领域中，原生广告的披露问题尤为突出。广告披露是确保消费者清楚了解广告内容的商业性质的重要途径之一（Boerman，van Reijmersdal & Neijens，2012；Campbell，Mohr & Verlegh，2013）。然而，针对原生广告披露方式与披露效果，尚存在多个方面的研究空白。例如，一些研究开始探讨文字、图形等形式的主动披露（Amazeen & Wojdynski，2020；Campbell & Evans，2018；Wojdynski & Evans，2016），但是原生广告的被动披露方面的研究稍显不足。特别是在社交媒体平台中，一些具有社会影响力的关键意见领袖（Key Opinion Leader）和消费者撰写的推荐性文章，即用户生成广告（User-generated advertising），相关法规和规范难以深入规范。这些问题使探索何种形式的披露最为有效，成为一个具有研究价值的问题。

解决原生广告披露问题需要综合评估各种因素，包括披露的方式、时机和位置。科学设计原生广告披露有助于消费者准确理解广告的商业性质，降低产生误解的可能性。同时，披露内容的易理解性和可接受性同样重要，因为消费者需要在短时间内理解原生广告的赞助关系。此外，原生广告披露问题的研究还涉及一些关键中介变量和调节变量。对中介变量的讨论有助于深入理解原生广告披露对消费者态度和行为意向的影响机制，而对调节变量的考察则有助于揭示在不同情景下披露效果的差异。

二、研究意义

本书旨在以软文原生广告为具体对象，探讨原生广告披露形式对消费者态度和行为意向的影响。广告披露（Advertising Disclosure）是指在广告中明确或暗示地揭示广告性质、赞助关系或其他相关信息的行为（Belch et al.，2014）。

尽管缺乏明确定义，然而在实际操作中，广告披露有主动披露（voluntary disclosure）与被动披露（passive disclosure）的差异。主动披露可理解为明确标注广告内容并公开揭示赞助关系的行为，例如，使用标签、标记或提示性语言将广告标识出来。被动披露可理解为没有明确揭示广告性质的行为，将广告内容伪装成非广告内容，依靠消费者拥有的说服知识以及广告披露的线索来识别原生广告。具体而言，本书具有理论和实践两方面的意义。

1. 理论意义

（1）加深对原生广告认知加工过程的理解

研究软文原生广告披露对消费者态度和行为意向的影响，对于拓展认知加工理论的认知具有重要意义。原生广告作为一种与媒体内容融合的广告形式，其披露方式可能影响消费者对广告信息的加工方式。研究软文原生广告披露，可以探究披露对消费者注意力分配、信息加工深度，以及态度—意愿—行为的影响逻辑，进而丰富和拓展对原生广告认知加工过程的理解。

（2）深化对消费者态度和行为意向的认识

研究软文原生广告披露对消费者态度和行为意向的影响，对于深化对消费者态度和行为意向的认识具有重要意义。广告披露能够促进消费者对广告商的透明度和诚信度的认知，进而影响消费者的态度形成和行为意向。本书对原生广告披露中赞助透明度、感知欺骗、广告态度、品牌态度、购买意愿等因素展开探讨，可以丰富和拓展消费者态度和行为意向形成的理论体系。

（3）促进原生广告传播伦理和社会责任的建设

原生广告的披露涉及传播伦理和社会责任的议题。在商业信息传播中，保护消费者的知情权和避免误导是重要的伦理原则。披露信息对于消费者识别广告内容的来源、意图和真实性至关重要。本书对原生广告披露展开探讨，可以促进消费者信任、品牌信誉，进而为传播伦理和社会责任建设等提供理论解释和实践指导。

2. 实践意义

（1）优化原生广告传播效果

从实践角度看，研究软文原生广告披露对消费者态度和行为意向的影响，对于广告效果的优化具有重要实际意义。了解了软文原生广告的主动披露与被动披露的区别，以及其如何影响消费者的态度和行为意向，广告从业者和品牌商可制定更有效的披露策略，从而提高原生广告的影响力和传播效果。

（2）促进品牌形象与信任建设

在商业实践中，研究软文原生广告披露对消费者态度和行为意向的影响，对于品牌形象和信任建设具有重要实际意义。透明的披露可以增强消费者对品牌的信任，为品牌形象提升与长期品牌发展创造良好基础（Boerman, Willemsen & Van Der Aa, 2017）；而消费者通过其他线索产生的原生广告被动披露，则可能影响其对品牌的态度。

（3）优化媒体平台的商业模式

研究软文原生广告披露对消费者态度和行为意向的影响，对于优化媒体平台的商业模式具有实际指导意义。了解了原生广告披露（例如，原生广告的单独评价与共同评价、媒体平台基于变现需求提供伴随购买链接，以及提供明示性或暗示性的披露语言）如何影响消费者的态度和行为意向，媒体平台能够提供更精准的广告投放服务，帮助广告商实现更高的商业效益。

（4）促进消费者保护与法规制度建设

研究软文原生广告披露对消费者态度与行为意向研究，对于促进消费者保护和法规制定具有重要实际价值。深入研究披露对消费者认知和反应的影响，能为政府和监管机构提供帮助，使其能进一步制定更为明确的法律法规，以保护消费者的权益，减少误导和不透明行为。

综上，研究原生广告披露对消费者态度和行为意向影响具有重要的理论与实际意义。研究人员通过深入研究披露对消费者信任、认知加工、传播伦理等方面的影响，可以更全面地理解原生广告的作用机制，为广告从业者、品牌商、媒体平台、监管机构等提供实际操作的指导，从而提升广告效益，促进广告传播的透明度和可持续发展。

第二节　研究目标和方法

一、研究目标

本书以软文原生广告为具体研究对象，探讨原生广告披露对广告态度、品牌态度、平台态度、购买意愿和分享意愿的影响机制，并进一步考察说服知识水平的调节作用。软文原生广告披露既包括明确标注广告内容、公开揭示赞助关系的主动披露行为，又包括没有明确揭示广告性质的被动披露行为。消费者需要依赖自身的广告识别能力和说服知识水平辨识原生广告。

首先，本书将确定主动披露和被动披露对广告态度、品牌态度、平台态度、购买意愿和分享意愿的影响方向。主动披露有助于提高赞助透明度，使消费者更明确地认识到广告内容与赞助商之间的关系，进而可能产生更积极的广告、品牌和平台态度，增加购买意愿和分享意愿；相反，被动披露可能会降低赞助透明度，导致消费者对广告内容和赞助关系的认知变得模糊，从而可能对广告、品牌和平台态度产生负向影响。

其次，本书将探究赞助透明度和感知欺骗在软文原生广告披露与因变量之间的中介作用。赞助透明度反映了消费者对赞助关系的感知程度，而感知欺骗则反映了消费者对广告披露的不满和对广告目的的误解程度。本书假设主动披露可能提高赞助透明度，降低感知欺骗，进而对广告态度、品牌态度、平台态度、购买意愿和分享意愿具有正向影响；而被动披露则可能降低赞助透明度，增加感知欺骗，从而对广告态度、品牌态度、平台态度、购买意愿和分享意愿产生负向影响。

此外，本书将考察说服知识水平在软文原生广告披露与因变量之间的调节作用。说服知识水平反映了消费者对广告和营销手段的了解程度。本书假设说服知识水平将增强主动披露对因变量的正向影响，表明消费者对披露的理解和接受；同时，说服知识水平将强化被动披露对因变量的负向影响，表明消费者对被动披露的抵触和怀疑。

为了深入研究这些关系，本书将通过三个实验展开。首先，基于现有文献广告披露的定义与形式，确定软文原生广告是否具有主动披露或被动披露特征；其次，设计实验刺激，并邀请被试者参与调查，测量其对原生广告披露的广告态度、品牌态度、平台态度、购买意愿和分享意愿；最后，通过数据分析，探索主动披露和被动披露对因变量的影响，并进一步检验赞助透明度、感知欺骗的中介作用与说服知识水平的调节效应。

综上，本书将揭示软文原生广告披露的重要性及其对消费者态度和行为的影响机制。研究结果将为学术界提供对软文原生广告披露相关理论和研究的实证支持。此外，研究结果还将促进广告从业者和广告商更好地理解软文原生广告披露的作用，并为他们提供有价值的指导，以优化广告传播策略和提升广告沟通效果。

二、研究方法

本书采用情景实验法，旨在模拟实验情景，设计广告披露刺激物，通过问卷调查收集实验数据，以量化验证研究假设。本书将通过调查收集消费者对软文原生广告披露的态度、品牌态度、平台态度、购买意愿和分享意愿的数据，再通过统计分析，揭示软文原生广告披露对这些因变量的影响、中介机制和调节效应。

首先，本书将揭示软文原生广告披露对消费者态度和行为的影响。具体而言，通过方差分析，探讨主动披露和被动披露对广告态度、品牌态度、平台态度、购买意愿和分享意愿的影响程度，得出针对不同披露方式的具体建议，以优化广告策略，增强消费者的积极反应。

其次，本书将关注赞助透明度和感知欺骗两个中介变量的作用。赞助透明度反映了消费者对广告内容和赞助关系的感知程度，感知欺骗则反映了消费者对广告披露的不满和对广告目的的误解程度。通过中介分析，探讨赞助透明度和感知欺骗在软文原生广告披露与因变量之间的中介关系，进一步探讨原生广告披露对消费者态度和行为意向的影响机制。

最后，本书将探讨说服知识水平在软文原生广告披露与因变量之间的调节作用。说服知识水平体现出消费者对广告和营销手段的了解程度。通过交互效应分析，探究说服知识水平在软文原生广告披露与因变量之间的调节效应，以了解消费者个体差异对披露效果的影响。

第三节 研究内容和研究框架

一、研究内容

本书将运用实验方法，以软文原生广告为研究对象，通过实验设计来操控不同的广告披露方式（主动披露和被动披露），即设计详细具体的披露形式，收集参与者的反应数据。

首先，本书将重点关注广告披露对广告态度、品牌态度、平台态度、购买意愿和分享意愿的影响。具体而言，本书假设主动披露可能正向影响消费者态度和行为意向，而被动披露可能产生负向的影响。

其次，本书引入赞助透明度和感知欺骗作为中介变量，深入研究广告披露与因变量之间的关系机制。本书假设主动披露将可能提高赞助透明度，降低消费者的感知欺骗，进而正向影响消费者的态度与行为意向；而被动披露可能降低赞助透明度，增加消费者的感知欺骗，进而负向影响消费者的态度与行为意向。

最后，本书将探讨说服知识水平在软文原生广告披露与因变量之间的调节作用。本书假设说服知识水平将增强主动披露对因变量的正向影响，表明了消费者对披露的理解和接受，而说服知识水平将强化被动披露对因变量的负向影响，表明消费者对被动披露的抵触和怀疑。

本书通过实验设计和数据分析，期望得出关于软文原生广告披露的重要结论和实用建议，为广告从业者和决策者提供指导，帮助广告从业者和决策者更好地理解广告披露对消费者态度和行为意向的影响，以便他们能够优化广告策略。同时，本书还将为学术界提供有关软文原生广告披露的新见解，丰富相关理论和研究领域，为未来的研究提供一些值得深入探讨的方向。

二、研究框架

本书旨在探讨软文原生广告的主动披露和被动披露对广告态度、品牌态度、平台态度、购买意愿和分享意愿的影响，以及赞助透明度和感知欺骗的中介机制与说服知识水平的调节效应。

本书假设主动披露正向影响消费者态度和行为意向，而被动披露负向影响消费者态度和行为意向；赞助透明度和感知欺骗在广告披露与因变量之间起中介作用,说服知识则在广告披露与因变量之间起调节作用。因此,本书采用实验研究方法,旨在模拟实验情景,设计广告披露刺激物,通过问卷调查收集实验数据,以量化验证研究假设。

具体操作上,本书将通过两个研究探讨被动披露对消费者态度和行为意向的影响。研究一将模拟广告位置竞争的情景,设计软文原生广告单独评价和共同评价的被动披露方式。研究二将模拟商业流量变现的情景,设计软文原生广告中提供伴随购买链接的披露方式。研究三将模拟用户生成内容的情景,设计软文原生广告提供披露语言的主动披露方式。随后,本书通过问卷调查收集消费者对软文原生广告披露的态度、品牌态度、平台态度、购买意愿和分享意愿的数据。最后,本书通过相应统计分析,揭示软文原生广告披露对因变量的影响、中介机制和调节效应。

本书总体研究思路如图 1-1 所示。

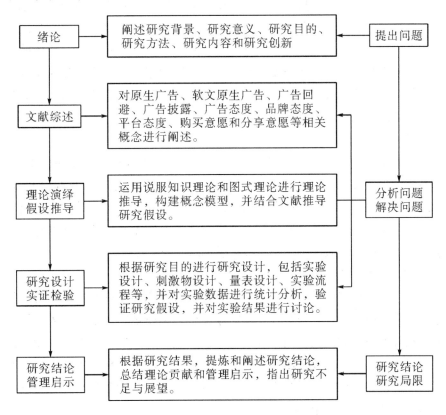

图 1-1　本书整体研究思路

第四节　研究创新

本书综合比较不同的软文原生广告方式和相关变量之间的关系，通过引入赞助透明度和感知欺骗作为中介变量，较为全面地揭示了软文原生广告披露对消费者态度和行为意向的影响机制，并进一步检验说服知识水平的调节作用。本书深化软文原生广告披露与这些变量关系的理解，具体创新点如下。

（1）理论创新

本书涉及广告学、心理学和消费者行为学等多学科领域；通过结合不同学科的理论和方法，更加全面地理解了软文原生广告披露对消费者态度和行为意向的影响，在理论层面上探索了软文原生广告披露与因变量之间的关系。此外，先前研究主要聚焦软文原生广告披露对单一因变量的影响，而本书将关联消费者态度和行为的多个因变量纳入考虑，提供了综合评估软文原生广告披露效果的更为全面的视角，为相关学科领域的研究提供了新的启示和观点。

（2）视角创新

本书以消费者为中心，聚焦于广告披露对消费者态度和意愿的影响；考察了广告态度、品牌态度、平台态度、购买意愿和分享意愿等因变量、赞助透明度和感知欺骗的中介作用，以及说服知识水平的调节效应。研究结论旨在全面地探讨软文原生广告披露对消费者态度和行为意向的综合影响，并能为相关领域的理论和实践提供了新的视角和发现。

（3）应用创新

本书结论具有实际指导意义，可为广告从业者和品牌商提供有价值的建议，帮助他们制定更为有效的软文原生广告披露策略。本书深入分析了主动和被动披露方式的不同影响、赞助透明度和感知欺骗的中介作用，以及说服知识水平的调节作用。研究结果将为广告从业者和广告商提供针对性建议，以更大程度地提升原生广告的传播效果和消费者参与度，促进品牌商的品牌宣传与营销目标实现。

（4）变量创新

本书在变量选择方面引入了赞助透明度和感知欺骗作为中介变量，对于解释软文原生广告披露效果的机制起着重要作用。赞助透明度揭示了广告赞助来源的透明程度，而感知欺骗则反映了消费者对广告中可能存在误导信息的理解程度。中介变量的引入有助于解释软文原生广告披露对消费者态度和行为意向的影响机制。此外，本书引入说服知识水平作为调节变量，探讨说服知识水平对软文原生广告披露与因变量之间的调节作用，使研究结果更具准确性和泛化性，有助于更全面地解释不同消费者群体在软文原生广告披露方面的反应和差异。

（5）方法创新

本书采用实验方法对原生广告披露方式进行操控，并通过线上和线下问卷调查收集实验数据。实验方法能够有效控制变量，减少其他因素的干扰，提高研究结论的可信度。此外，线上和线下问卷调查可以更加便捷地搜集消费者对广告披露方式的主观评价，为定量分析提供了必要的数据支持。通过实验设计，研究者可以操纵和控制广告披露方式，以确保实验组和对照组之间的差异源自不同的披露方式，而非其他潜在因素的影响，从而更可靠地评估广告披露方式对消费者态度和行为的影响。

第二章　广告基础概述

第一节　原生广告

一、原生广告的定义

原生广告（Native Advertising）概念的诞生相对较迟，对于原生广告的定义，学界和业界有不同的定义。

1. 学界关于原生广告的定义

"原生"这一术语用于描述广告与周围内容在外观上的有机融合，其采用相同的媒体形式和样式，并与消费者的兴趣相契合（程明和魏璋倩，2016）。尽管该术语在语义上并不限定于特定媒体类型，但其通常是在数字媒体领域中使用（Wojdynski，2019）。

Campbell 和 Marks（2015）将原生广告定义为"一种在线广告形式的集合，其主要目标在于在用户接触流内营销信息时尽可能减少可能遇到的干扰"。该定义确定原生广告不是一种广告，而是一组不同类型的广告形式，其形式多种多样，包括文本、图像、视频或其他多媒体内容，与托管平台或网站的内容风格和格式相匹配。同时，该定义强调原生广告的核心目标是减少用户干扰，其设计不像传统广告那样明显，旨在与周围的内容融为一体，以减少用户感到广告打扰的可能性。

Wojdynski（2016）以内容发布者视角，将原生广告界定为"一种共同内容发布者提供的、与非第三方内容整合展示的商业说服消息的工具"。该定义强调原生广告是由与原始内容发布者相同的实体提供的，与非广告内容混合在一起展示给受众，且原生广告的内容风格与非第三方内容保持一致。同时，原生广告的主要目的是传达商业信息并试图说服观众采取某种商业行动。

Wojdynski 和 Evans（2016）把原生广告定义为"一个术语，也称赞助内容，用于描述任何以出版商本身内容的特定形式和外观出现的付费广告"。该定义强调原生广告的付费属性或赞助属性，由广告客户支付费用来制作和发布，以满足广告客户的营销需求。同时，原生广告商要由出版商或平台的编辑团队创建，其外观和风格与周围的内容非常相似，从而使其更容易融入用户的体验。

Campbell 和 Evans（2018）认为原生广告"是一种相对较新的网络广告形式，它与周围非广告内容的格式相匹配，原生广告与周围环境融为一体的事实有可能欺骗消费者，使其不知道所浏览的内容实际上是广告"。该定义强调原生广告与传统广告形式相比，在数字广告领域中相对较新。原生广告使用了一种更具有创新性和融合性的方式来呈现广告内容。同时，该定义强调原生广告语与周围非广告内容在格式上相匹配；强调原生广告的一个潜在问题，即原生广告的"原生性"或融入性可能导致消费者被误导或被欺骗，意味着用户可能会误以为他们正在阅读或浏览独立的编辑内容，而实际上他们正在查看广告。

Kim，Lee 和 Lee（2019）站在广告说服技巧视角，将原生广告理解为"与其他说服技巧不同，原生广告采用与平台提供的有机（非付费）内容相同的形式和风格"。该定义强调原生广告在说服观众的方式上与传统广告方法不同，且原生广告的外观和感觉与平台上的非广告内容相似。

Jing Wen 等（2020）定义原生广告为"组织出于战略目的而赞助的广告版，其功能与软性销售技术类似，如产品植入、赞助、赞助链接、赞助帖子、电子赞助等"。该定义强调原生广告是由组织资助或支持，其目的是追求战略性目标。原生广告的功能类似于一种软性销售技术，旨在通过更隐性或巧妙的方式与目标受众互动。

综合以上定义，本书将原生广告定义为"一种与特定平台或媒体的内容和形式相匹配的方式进行呈现的广告形式"。原生广告的关键特征是与周围内容的一致性，以及其旨在以更隐性或有机的方式与受众互动，以实现广告商的战略目标。

2. 业界关于原生广告的定义

在原生广告应用实践中，品牌广告商和编辑内容发布者在选择展示原生广告和其他类型广告时往往面临比较矛盾的目标。两种类型的广告在展示效果和影响方面存在不同的优势和限制。

业界关于广告的定义主要源于行业组织，例如，美国的互动广告局（Interactive Advertising Bureau，IAB）是一个国际性的数字广告行业组织，其对原生广告的概念界定和相关形式提供了一些指导。值得说明的是，互动广告局并非法律机构，其定义和指导仅代表了行业标准和最佳实践，而不是法律规章的正式条文。IAB将原生广告定义为"一种与媒体内容相同的形式和功能展示的广告，旨在提供与用户上下文相关、非干扰性的广告体验"。原生广告的目的是与用户产生更加有意义和积极的互动，并促进品牌认知和业务目标的实现。原生广告需要包含编辑内容和赞助信息两个部分，它们与背景媒体高度融合，并以真实媒体的风格和内容来编写。

同时，美国的联邦贸易委员会（Federal Trade Commission，FTC）基于原生广告的本质属性对原生广告做出如下定义，"一种可能导致消费者误以为其为非商业性的广告形式，实际上它是由广告商支付投放的广告（FTC，2015）"。

中国广告协会将原生广告理解为"原生态广告，其形式不受标准限制，是随场景而变化的广告形式"。在中国的媒体行业中，凤凰网是引入和应用原生广告的先驱，凤凰网COO李亚将原生广告定义为："通过融入受众所在媒体环境、以精准方式推送的、在保障用户体验的同时，提供对用户有价值的信息。"凤凰网执行副总裁金玲认为原生广告是"一种从网站和APP用户体验出发的盈利模式，由广告内容所驱动，其本质就是内容营销，即'内容即广告，广告即内容'"（许璐，2013；张庆园和姜博，2015）。

二、原生广告的类型

无论原生广告的定义形式怎样，其本质是一种模仿媒体发布商的形式与编辑风格展示广告商的付费促销信息（Wojdynski & Evans，2016）。结合学界和业界的相关介绍，本书总结了常见的原生广告形式：

信息流广告（In-Feed Ads）：原生广告以类似平台内容的形式，在内容流或社交媒体流中呈现的广告，与周围的内容相似，融入用户的浏览体验（Wojdynski & Evans，2016）。

流媒体广告（In-Stream Ads）：原生广告以视频、音频或图像等形式插入在线流媒体内容中，与内容相融合，提供无干扰的用户观看体验

（IAB，2013，2019；宋祺灵和徐琦，2004）。

付费搜索广告（Paid Search Ads）：搜索引擎结果页面中的原生广告形式，将广告商的相关链接或广告内容显示在用户搜索结果的顶部或侧边，以提高曝光率和点击率（IAB，2013，2019；宋祺灵和徐琦，2014）。

推荐小部件（Recommendation Widgets）：基于用户兴趣和行为，在相关内容推荐区域中以与自然内容推荐类似的形式展示的广告（IAB，2013，2019）。

推广列表（Promoted Listings）：电子商务平台中的原生广告形式，将广告商的商品或服务推广到搜索结果或相关类别的列表中，以增加曝光和销售机会（Evans 和 Park，2015；康瑾，2015）。

广告内广告（In-Ad）：原生广告以与平台内容相一致的形式出现在网页或移动应用程序中的广告空间中，以及与广告内容相结合的交互元素中，如视频播放器、轮播图等。其与周围内容相融合，以提高用户的接受度和参与度。

赞助内容（Sponsored Content）：广告商与内容平台合作，以品牌赞助商的身份提供与平台内容相关的资讯、文章、视频等内容，以实现隐性的广告传递（Matteo 和 Zotto，2015）。

定制内容单元（Custom Content Units）：根据广告商的需求，将广告内容与平台内容融合，形成定制化的原生广告单元，以提供更具个性化和与平台一致的用户体验（IAB，2013，2019）。

赞助社交媒体帖子（Sponsored Social Media Posts）：广告商支付费用，以赞助商的身份在社交媒体上发布的帖子中插入广告内容，以增加品牌曝光率和用户互动（Lee，Kim & Ham，2016）。

以上是原生广告的代表形式，随着网络媒体的发展及相关业态的进步，原生广告的形式也随之演变。原生广告虽然与其他嵌入式广告在形式上有一定相似性，但在广告设计与内容上存在显著差异。

首先，无论原生广告具体表现形式如何，其在形式设计上都强调与投放媒体契合，依据内容发布媒体（例如网站、APP）的形式、样式和技术，整合广告媒体环境，与媒体平台整合度较高（张庆园和姜博，2015），即便标注"广告"或"赞助"标识，也与内容发布平台具有相似的外观与感觉（Matteo & Zotto，2015）

其次，原生广告在内容上贴近媒体平台的信息消费者，原生广告基于潜在消费者对平台内容的偏好，使用相似的编辑内容的方式，让消费者感觉到很强的个体关联性，增加消费者潜在的点击意愿（Wojdynski & Evans，2016）。

三、原生广告的优劣势

1. 原生广告的优势

相比其他植入式的广告，原生广告特别强调与投放媒体在内容与形式上的整合性。与媒体完美整合的原生广告，不但能影响消费者观看广告的形式，甚至能影响消费者对媒体内容的态度。原生广告特别的作用主要体现在：

（1）增加嵌入性和融合性

原生广告具有融合性，能够与媒体平台的内容和用户体验相协调。它能够以一种自然的方式融入用户所在的环境中，使广告更具吸引力和相关性。相比传统的横幅广告，原生广告因其优秀的嵌入性和融合性，减少了广告的侵扰性，进而正向影响了消费者的态度（Kim & Yu，2015；Tutaj & Reijmersdal，2012）。

（2）提高注意力和参与度

原生广告通过其与媒体内容的一致性和相关性，能够吸引用户的注意力，提高广告的参与度。用户更有可能主动与原生广告互动，增强品牌传播效果（刘燕南和吴浚诚，2019）。原生广告的优势之一在于从技术手段上实现基于媒体编辑内容和载体形式设计和投放匹配性高的广告，进而增加潜在消费者的好感和转化率，相比其他形式的广告的粗糙植入，原生广告最大程度上减少了对消费者在线体验的影响，降低了消费者对原生广告植入的心理抵触（Campbell & Marks，2015；Matteo & Zotto，2015）。当付费商业内容与媒体内容存在最小限度的区别时，消费者可能不会把原生广告视为植入广告，因而不会激活消费者对广告商说服意图的感知与抗拒（Wojdynski，Evans & Hoy，2018）。

（3）增强品牌认知和记忆

原生广告模仿其他媒体的格式和内容发布广告，可能引起消费者信息处理的变化。Wojdynski 和 Bang（2016）发现，广告与媒体内容的相似度越高，消费者阅读媒体内容的时间越短，消费者对媒体内容的阐述度越高。原生广告强调"模仿媒体的内容和形式"投放广告，促进消费者信息处理的流畅性。原生广告甚至与网络环境、内容要素和个体特质产生交互作用，共同影响消费者对信息的处理与理解。由于原生广告与媒体内容的一体化，所以它能够提供更好的品牌认知和记忆效果。用户更容易将广告与品牌相关联，并在后续购买决策中保持对品牌的记忆。

（4）促进个性化和定制性

原生广告可以根据用户的兴趣偏好和上下文信息进行个性化和定制化的呈现，使广告更具针对性和吸引力。这有助于提供更好的用户体验，并增加用户对广告的接受程度。与传统的非原生广告形式不同，原生广告并不局限于明确抬高某个特定产品或品牌的优点。为了提高品牌在消费者心目中的认可度和可及性，广告商可能会选择赞助那些只对品牌进行短暂提及的内容，或者与品牌选择的特征或主题有密切关联的内容（Wojdynski，2019）。

2. 原生广告的劣势

原生广告的"隐蔽性"可以改善消费者体验，降低消费者侵扰感，促进消费者产生积极态度，然而，在消费者认识到原生广告的隐蔽形式可能存在操纵性时，其可能会产生一系列负面反应（Wojdynski & Evans，2016）。消费者对原生广告的评价体现出一种复杂性。各种因素交织影响着消费者的态度和反应。这些因素包括广告的侵入性、隐蔽性、操纵性等，以及消费者对广告的知识、经验和情感等个体差异。

（1）广告辨识困难

原生广告的一个主要缺点是广告与媒体内容的融合，使得消费者辨识广告变得困难。广告商可能会将广告伪装成纯粹的媒体内容，使消费者难以准确区分。这可能会导致消费者对广告产生怀疑或被误导（宋祺灵和徐琦，2014）。尽管原生广告使用媒体的形式并发布商业信息，但原生广告的隐蔽性可能会削弱其营销者所期望的广告说服效果。Wojdynski（2016）指出，原生广告可能会影响消费者对广告内容的信息处理，当消费者无法识别出具有隐蔽性的广告内容时，其可能会投入更多认知资源处理隐蔽性较强的广告，因而消费者对广告隐蔽性的辨别可能影响广告的说服效果。

（2）信息误导和失真

由于原生广告与媒体内容紧密结合，广告商有时会使用误导性或不准确的信息来吸引消费者的注意力。这可能会导致消费者对广告内容的误解和对品牌的负面感受。原生广告虽然有助于改善用户广告体验，但也容易导致用户难以识别原生广告的商业属性，容易让用户产生混淆和欺骗的感觉（Wojdynski & Evans，2016；邵海，2021）。

（3）缺乏标准和规范

原生广告在标识和披露方面缺乏一致的标准和规范，这导致广告商和媒体平台在实践中存在差异致使广告的披露不充分或不一致，使消费者难以明确识别广告（IAB，2013，2019）。

四、原生广告的作用机理

1. 原生广告与广告说服

广告说服力的一种常见解释基于认知资源理论，认为目标消费者偏好关注与媒体内容相关的广告，其生物表征就是目标消费者在特定区域以瞳孔注视或眼球运动轨迹的形式表明消费者认知资源已分配于该区域，当消费者感知目标内容特别重要时，则视觉关注（visual attention）可能分配相对更多（Wolfe，2005）。原生广告的隐蔽性特征会影响消费者对广告的识别，让消费者分配更多认知资源，这会影响广告的说服效果（Wojdynski，2016）。广告说服力的另一种解释基于信息加工理论，例如精细加工模型（ELM）认为，说服主要依赖中心路径（信息内容高度细致）和外围路径（信息内容不细致或依赖外部信息）两种路径展开（Kim，Choi 和 Kim，2019），原生广告会利用媒体内容作为依赖材料展开外围加工。

2. 原生广告与广告侵扰

广告侵扰指个人认知过程因受到广告干扰而产生的感知与心理后果。大量广告研究证实干扰和破坏消费者注意力可以导致个体的认知中断和心理对抗，进而导致负面广告效果，影响广告态度和品牌态度（Zha 和 Wu，2014）。相比其他形式的广告（例如，网页弹出广告和简单植入广告），原生广告与媒体内容、形式的深度匹配减轻了广告的形式侵扰和内容侵扰，弱化了消费者在信息处理过程中的中断与干扰，增强了消费者对广告内容的关注与感知偏好（Kalyanaraman，Ivory 和 Maschmeyer，2005）。

基于图式理论的观点认为，由于原生广告与媒体内容、形式具有相似性，消费者可能会把原生广告当作媒体编辑内容的一部分，因而原生广告会削弱消费者对广告图式激活的效果，降低消费者潜在的心理抵触（Kim & Hancock，2017），甚至可能促使消费者把对媒体内容的积极态度以情感转移的方式扩散到对原生广告的态度中（Janssens，De Pelsmacker &

Geuens，2012）。Campbell 和 Marks（2015）同样指出，原生广告与出版商媒体环境的无缝结合，可能会增加消费者对广告的信任度。

3. 原生广告与任务处理

Hein 等（2007）认为，网络用户的信息处理模式是"单任务处理"，并非"多任务处理"，信息处理过程总体依赖注意力从一种刺激到另一种刺激的转移。在线新闻内容关联广告，这表明相比非定制化广告，个性化广告更能吸引阅读者关注，且个性化定制广告的吸引力随着用户阅读专注程度的变化有所区别（Wojdynski & Bang，2016）。

原生广告由于与媒体内容和展示形式相似，所以有助于促进消费者注意力转换的流畅性，如果将原生广告内容和媒体内容整合成一个整体信息进行加工，那么便会降低用户认知过程干扰与心理抵触，增加消费者对原生广告的接受与认可（Kim，Youn & Yoon，2019）。Wojdynski（2016）指出，由于原生广告与媒体环境形式和内容非常契合，与媒体情景内容非常相似，其编辑内容和相关隐含内容高度相关，因而触发消费者说服意图的可能性会下降，而当原生广告与其他广告相邻时，则其可能激活消费者对广告说服意图的感知，消费者可以明确区分广告内容与媒体情景（Kim & Hancock，2017）。

Pieters 和 Wedel（2007）指出，消费者在执行信息处理任务时，个体自身特质对于用户把注意力从媒体内容转移到关联广告上起关键作用。例如，信息处理目标具有影响及决定消费者对原生广告的关注及后续信息处理的作用，包括注意力从媒体内容转移、浏览原生广告信息和搜索广告信息等，消费者很可能把原生广告与媒体内容作为一个整体进行信息加工（Norris & Colman，1992）。另外，信息处理过程中的干扰信息同样可以干扰个体的信息处理能力，在广告内容与媒体内容关联度较低的情况下，背景信息可能是一种干扰，会影响消费者对广告内容信息的关注与评价（Jeong & Hwang，2012；Lee & Cappella，2013）。

五、原生广告的商业伦理争议

原生广告一直存在争议，主要是因为人们担心消费者是否能够识别其性质和意图，担心消费者是否会被误导，担心消费者错误地认为付费内容是客观的，是媒体平台人员认可的。这种争议的根源在于对这种做法在多大程度上欺骗和误导了消费者对内容性质的认知，以及它是否违反了内容独立和广告与编辑内容分离等新闻规范的分歧（翟红蕾和陈夕林，2014；宋祺灵和徐琦，2014）。这些争议反映了人们对于原生广告和特写广告在道德、伦理和法律层面上的考虑。其中一个关键问题是透明度，即广告商是否应该明确标注广告内容，以使消费者清楚地了解其是付费内容。此外，消费者的知情权也是关注的焦点，他们应该有权知道他们正在阅读或观看的内容是广告或付费内容（戴世富，2016）。

1. 原生广告的伦理争议

（1）欺骗性

原生广告中的伪装性可能会误导消费者，使其难以区分广告与真实内容。这种欺骗性的行为违背了广告的伦理原则，削弱了消费者的知情权。研究发现，原生广告中的欺骗性可能会损害品牌声誉和消费者信任度（Campbell，Mohr & Verlegh，2013）。Carlson（2014）指出，原生广告的崛起促使人们必须对那些改变新闻实践的规范并被视为新闻的事物进行监督和批评。原生广告在设计上的独特性，使消费者难以避免其影响，这是业内人士和批评者的共识（陈丽平，2015）。从广告商或原生广告的支持者角度出发，这种创新的广告形式相比传统的广告，提供了更多吸引和保持读者注意力的机会，且能更持久地影响读者。然而，批评者对此表示担忧，他们认为原生广告利用了消费者对于熟悉格式的依赖，模糊了广告的说服力和其与付费赞助商的关系，这可能会误导消费者，使他们错误地认为他们看的不是广告（戴世富，2016）。因此，虽然原生广告在吸引消费者方面具有独特的优势，但其潜在的欺骗性也需要引起本书的关注和审查。

关于模仿新闻内容的原生广告，同其他类型的隐蔽广告或隐蔽市场营销一样，其也可以被视为不道德的行为。Martin 和 Smith（2008），探讨了三个隐蔽市场营销的案例，每个案例都涉及中介或个人之间的互动，其付费的性质或与赞助商的关系并未明确地传达给消费者，这些行为之所以被视为不道德，其中一个原因是它们涉及直接的欺骗行为。在投放原生广告的情况下，信息披露理应提供针对此类欺诈的解决方案。Martin 和 Smith（2008）都认为这种隐蔽的市场营销行为是不道德的，原因在于这些广告通常是在利用消费者对特定出版商或平台的信任来寻求商业上的利益。

作为原生广告与生俱来的"欺骗"属性，如果不加以规范，势必会导致广告业和媒体业的损失，例如，原生广告短期内对出版商或广告商观感的影响（Amazeen & Wojdynski，2018），或者，原生广告的欺骗行为可能导致消费者长期的不信任和怀疑（Wojdynski，2019），甚至导致新闻业整体信誉下降（Schauster，Ferrucci & Neill，2016）。

（2）隐私问题

原生广告通常需要收集消费者的个人信息，以提供更加个性化和精准的广告体验。然而，这种信息收集可能涉及消费者的隐私权和数据保护问题，可能引发消费者的担忧和不满（刘燕南和吴浚诚，2019）。Turow 等（2009）调查了美国消费者对定制广告的态度，其中就包括原生广告。他们发现大多数消费者拒绝被个性化广告追踪，这与担心隐私问题有关。

2. 原生广告的法律监管

（1）欺诈和虚假宣传

许多国家和地区都有针对欺诈和虚假宣传的法律和法规，对广告的真实性和准确性进行监管。原生广告作为一种具有欺骗性风险的广告形式，也需要符合相关的法律规定。例如，美国联邦贸易委员会（FTC）监管并制订了原生广告的相关规定，要求原生广告必须清楚标识，并禁止虚假宣传（FTC，2015；冯婷，2018）。

（2）数据保护和隐私权

随着原生广告对个人数据收集的增加，数据保护和隐私权保护也成为重要的监管领域。欧盟的《通用数据保护条例》（GDPR）和美国的《加州消费者隐私法案》（CCPA）等法规要求广告商必须对消费者个人数据的收集和使用进行透明披露，并提供选择和控制的机会（刘燕南和吴浚诚，2019）。

3. 中国的原生广告监管

（1）行业自律

在国外，行业自律组织发布的准则，规定了原生广告的标准和要求（IAB，2013）。在中国，虽然没有对原生广告进行具体的界定和解释，但是作为互联网广告的一个重要形式，原生广告的相关规定主要是依据互联网广告的相关规定制订，例如，中国广告协会发布的《互联网健康信息传播自律指引》特别强调，广告应具有可识别性，不应以新闻报道形式变相发布广告。中国广告协会发布的《移动互联网应用程序广告行为规范（征求意见稿）》，针对移动互联网广告制定了行为规范，对广告的发布和内容进行了规范。

（2）法律规范

在中国，规范原生广告的法律法规主要有《中华人民共和国广告法（2021 年修订）》和《互联网广告管理办法（2023 年修订）》。

虽然在中国没有针对原生广告的明确法律规定，但是对于应用原生广告可能带来的隐蔽性和欺骗性争议，《中华人民共和国广告法（2021 年修订）》第二章规定了广告内容的基本要求和禁止行为，第四章规定了广告的监督和违法违规行为的处理，第五章规定了广告的法律责任等。同时，《互联网广告管理办法（2023 年修订）》第十三条要求广告发布者应当对广告真实性负责；第十九条规定商品销售者或者服务提供者通过互联网直播方式推销商品或者服务，构成商业广告的，应当依法承担广告主的责任和义务。

第二节　软文原生广告

一、软文广告

1. 软文广告的定义

软文广告（Advertorials）的历史可追溯到 19 世纪，它作为一种广告形式逐渐发展并在传媒行业中得到广泛应用，其最初用于描述出现在报纸和杂志上的广告。软文主要以报道的形式发布广告商付费信息，其意义与英文拼接词 "advertorial（advertisement+editorial）" 类似，此类广告采用新闻文章或社论的风格进行撰写，是一种融合了广告和编辑内容的广告形式，旨在模仿编辑内容的形式和风格，以实现对受众的隐性广告宣传（应飞虎和葛岩，2007）。在新闻或出版行业，软文广告通常又称为 "广告专栏"（Riffe 等，2019）。

在 19 世纪末，报纸成为广告的主要载体之一。当时，一些广告商开始尝试使用编辑内容的形式来呈现广告信息，以吸引读者的注意力并提高广告的效果。这种以模仿编辑内容的方式呈现的广告形式逐渐演变为现在的 "软文广告（Advertorial）"。

比较典型的案例是 1880 年美国《大西洋报》（*Atlantic Monthly*）推出了一种新的广告形式，将广告内容与编辑内容融合在一起，以吸引读者的注意。这种形式的广告被称为 "Situations Wanted（职位招聘广告）"，它以虚构的故事和剧情的形式展示求职者的能力和优势，同时在广告的末尾揭示了真实的广告目的。

进入 20 世纪后，软文广告的应用范围逐渐扩大，不仅出现在报纸和杂志上，还涉及电视、广播和互联网等媒体。广告商开始利用软文来模仿编辑内容的风格和格式，以在信息过载的媒体环境中引起受众的兴趣和关注。例如：著名品牌《纽约时报》（*The New York Times*）曾推出了一个名为"T Brand Studio"的创意团队，专门为品牌创作软文广告内容。他们通过与品牌合作，以故事化和富有情感的方式呈现品牌信息，以吸引读者的关注和共鸣（殷鹏，2015）。2005 年，美国《华尔街日报》（*The Wall Street Journal*）推出了一个名为"Special Advertising Sections"的栏目，旨在为广告商提供一种更为灵活和创新的广告形式。该栏目将广告内容与编辑内容相融合，以增强广告的可读性和受众参与度。2014 年，麦当劳（McDonald′s）在瑞典推出了一则软文广告，以模仿报纸的形式展示麦当劳产品的优势和特色。这则广告被称为"The Secret Menu"，以幽默和趣味的方式吸引读者，并在最后揭示真实的广告目的。

总体而言，软文广告的产生和发展反映了广告商对于传播方式的创新和对受众需求的不断探索。它通过模仿编辑内容的形式和风格，使广告更加具有吸引力和可读性，从而提高广告的效果和受众参与度。

2. 软文广告的常见形式

软文广告的产生与传统广告的局限性有关。传统广告在传播过程中往往受到受众的拒绝或忽视，难以引起他们的兴趣和注意。为了突破这一限制，广告商开始尝试创新的广告形式，将广告与编辑内容相结合，以期提高受众的接受度和参与度。综合文献信息，常见的软文广告形式如下：

（1）广告故事（Advertorial Story），主要以故事的形式来呈现广告内容，通过情节、人物和情感的渲染，将广告信息自然地融入故事中（Wojdynski，2019；应飞虎和葛岩，2007）。

（2）专题报道（Special Report），主要用类似新闻报道的形式，以客观、中立的态度介绍产品或服务，增加信息的可信度和说服力（Riffe 等，2019；Wojdynski，2019；应飞虎和葛岩，2007）。

（3）广告报道（Advertorial News），主要将广告内容以新闻报道的形式呈现，与普通新闻相似，但在内容中插入广告信息（Wojdynski，2019）。

（4）赞助内容（Sponsored Content）：主要由赞助商提供资金或资源支

持的内容。它可以在媒体平台上以与周围内容相一致的方式呈现，以实现赞助商的广告目的（Schauster，Ferrucci & Neill，2016）。

（5）品牌新闻（Branded Journalism）：主要是一种以品牌为核心的新闻报道和内容创作形式。它结合了品牌传播和新闻价值，以提供有关品牌背后故事和价值观的内容（Schauster，Ferrucci & Neill，2016；Wojdynski，2019）。

3. 软文广告的优点

软文广告的诞生就是源于广告商使用编辑内容的形式来呈现广告信息，以吸引读者的注意力并提高广告的效果。作为一种创新的广告形式，软文广告具有以下优点：

（1）增强受众参与度：软文广告采用与编辑内容相似的形式和风格，使受众更容易接受和参与其中，增强了广告的吸引力和影响力。

（2）增加信息传递效果：通过模仿编辑内容的形式，软文广告能够更加全面、深入地传递广告信息，使受众更容易理解和接受。

（3）促进品牌认知与记忆：软文广告通过与编辑内容的融合，增加了广告的独特性和记忆点，有助于提高品牌在受众心中的认知度和记忆度。

（4）建立品牌形象和品牌关系：通过以客观、中立的形式呈现广告内容，软文广告能够建立起与受众之间更为信任和稳固的品牌关系。

二、软文广告与原生广告

软文广告和原生广告都是一种与编辑内容相似的广告形式，旨在融入媒体环境中，以更加自然和无缝的方式呈现广告信息。尽管它们在某些方面相似，但其在定义、制作方式和目的上存在一些区别和联系。

软文广告诞生于印刷媒体时代，是一种将广告内容与编辑内容相结合的广告形式，通过与正常编辑内容相似的形式和风格来呈现广告信息。软文广告常以文章、报道、评论等形式出现，旨在模仿和融入编辑内容的风格，以引起读者的兴趣和共鸣（Wojdynski，2019）。软文广告通常由广告商或广告代理商编写，并与媒体合作进行发布。软文广告的外观和呈现形式通常与正常的编辑内容相似，如使用与编辑文章类似的排版、字体和格式。它们通常以类似新闻报道或特稿的形式出现，可能包含产品或服务的介绍、推荐或评价。软文广告与新闻报道的根本区别在于新闻报道在直接和间接上均不收费，而软文则是以收费的形式直接或间接地进行销售信息宣传。虽然软文广告的使用如今仍然主要集中于印刷媒体领域，但随着互联网媒体的发展，软文广告在互联网和社交媒体领域也越来越多。

相对软文广告而言，原生广告一词用于描述以付费形式呈现的宣传内容，旨在模仿与之相邻的非赞助内容。原生广告是一种在媒体平台上以与周围内容相似的方式呈现的广告形式。它与周围内容在外观、语言和交互方面保持一致，以使广告更加融入和与受众互动（Campbell & Evans，2018；Wojdynski & Evans，2016）。原生广告的外观和呈现形式多样，取决于所在的媒体平台和广告商的需求。它们可以是文章、视频、图片或社交媒体帖子等形式，以使广告内容与周围的编辑内容相符合。原生广告不仅仅是指类似于新闻的广告形式，还可以出现在搜索引擎结果、娱乐视频和其他多种媒体背景中。例如：社交媒体平台上的原生广告可能是向用户发布的形式，而流媒体电视服务上的原生广告可能是一个频道的图块形式，而搜索引擎上的原生广告则类似于邻近的搜索引擎的结果（Wojdynski，2019）。

原生广告可以被视为对软文广告的再利用和延伸，软文广告是一种在杂志和报纸中常见的广告格式（Kim & Hancock，2017）。类似于印刷媒体的软文广告，在线原生广告采用了许多新闻内容的惯例，包括以下特征：文本被格式化为段落形式，拥有一个标题，以混合转述或摘要的方式呈现内容，并引用了来源。此外，视觉元素如照片或图形也会被添加到原生广告中，以适应故事内容本身（Wojdynski，2019）。原生广告的制作通常由广告商或品牌商自行完成，以与媒体平台的设计和布局一致。它可能采用平台提供的广告编辑工具进行制做或与平台合作的专业团队进行制作。不同于软文广告通常以文章或故事的形式出现，类似于编辑内容，原生广告可以采用多种形式，如视频、图片或社交媒体帖子（Wojdynski，2019）。

同时，原生广告继承了传统软文广告的一些优点。例如：首先，在融入性上，软文广告和原生广告都试图在媒体环境中融入，以增强广告的接受度和效果；同时，内容相关性上，软文广告和原生广告都将广告信息与周围内容相关联，以提供与受众兴趣相符的内容。此外，在受众参与上，软文广告和原生广告都试图与受众建立更深入的关系，通过提供有价值的信息和体验来促使受众参与和互动（Wojdynski，2019）。

基于传统印刷媒体的研究表明，编辑内容与广告内容的相似性促进了消费者对广告内容的回想（Norris & Colman，1992；Yi & Youjae，1993）。

同样，基于网页媒体的研究表明，结合媒体内容投放的原生广告能够引发观众对广告和品牌的正面评估（Shen & Chen，2007），与媒体内容关联度较高的广告比没有关联度的广告更具吸引力（Flores，Chen & Ross，2014），从而促进消费者产生积极的广告态度和品牌态度（Huang & Shiu-li，2014；Rieger，Bartz & Bente，2015）。

三、软文原生广告

1. 软文原生广告的定义

学术界和大众媒体对原生广告的关注主要集中在与新闻或社论内容相似的广告形式上（Campbell & Evans，2018；Wojdynski & Evans，2016）。网络的原生广告常常以新闻内容的形式出现，无论是在专栏、短文、多媒体功能以及视频报告中。

软文形式的原生广告或文章形式的原生广告是一种以文章或报道的形式出现的原生广告形式，其外观和语言风格上与编辑内容非常相似，以致很难与周围的编辑内容区分开来。在广告形式上，其目的是通过与正常编辑内容相似的形式和风格来吸引读者的兴趣和注意力，并在文章中巧妙地融入广告信息，以一种自然的方式与读者进行互动。软文形式的原生广告在各种媒体平台上得到广泛应用，包括新闻网站、博客、社交媒体和在线杂志等。在说服方式上，软文形式的原生广告通常以故事性的方式呈现，采用具有说服力和吸引力的内容来引导读者对产品或服务产生兴趣和购买意愿。它们常常涉及与目标受众相关的主题或问题，并通过提供有价值的信息、解决问题或分享故事来建立与读者的情感联系。

软文形式的原生广告或文章形式的原生广告的优势在于其能够以一种更加隐蔽和无干扰的方式传递广告信息。由于其与正常编辑内容形式相似，读者更容易接受和相信这些广告信息，并将其视为有用的内容。同时，该广告形式还能够有效地引起读者的情感共鸣，提高品牌认知和品牌形象。

作为这种文章或软文形式的原生广告，一些学者使用"文章风格的原生广告（article-style native advertising）"进行表述，（Campbell & Evans，2018；Wojdynski & Evans，2016）。鉴于文章形式的广告与传统印刷媒体时代的软文广告没有本质区别，而且形式上具有较多互联网元素（例如，动态图片、超链接、多媒体），所以本书使用"软文原生广告"对文章形式的原生广告进行规范性表达。

2. 软文原生广告的特点

（1）撰写风格与编辑内容一致

为了与周围的编辑内容相融合，软文原生广告采用与其所在平台上的其他文章相似的写作风格和语调。这种一致性有助于使广告看起来更像是编辑内容的一部分，而不是显眼的推销信息。

（2）提供有价值的信息

软文原生广告通常提供有趣、有用或启发性的内容，旨在吸引读者的注意力并提供有价值的信息。这种内容能够吸引读者的兴趣，并增强广告的吸引力和可读性。

（3）自然地传递广告商信息

尽管是广告形式，但软文原生广告通过隐式或明确的方式传递广告商的信息或品牌推广内容。广告商的信息通常融入故事情节中，或通过与品牌相关的视觉元素进行展示，以实现更自然、无压力的传达。

第三节　广告回避

一、广告回避的定义

尽管媒体的形式已经取得长足进步，但消费者对伴随媒体而生的广告的抵触和规避本质并未改变。为解决长期以来困扰网络广告商的问题，原生广告逐渐兴起。传统的广告往往具有一定干扰性，当广告出现在消费者希望阅读的内容中时，消费者通过识别广告的设计惯例逐渐学会回避或忽略广告。广告回避降低了广告与用户接触的可能性，因此其对于广告商而言是一项重大挑战（Fransen 等，2015）。

广告回避（Ad avoidance）是指广告接收者以不同程度减少对广告的接受的行为（Speck & Elliott，1997），以减少广告对其注意力或行为的影响。在广告密集的媒体环境中，消费者可能会采取各种方式来规避广告，从而保护自己的注意力资源和个人隐私。广告回避现象是消费者对广告推销尝试或意图做出的心理反应（Baek & Morimoto，2012）。各种数字形式的广告均存在广告回避现象，例如，矩形广告（Rectangle Ads）、顶部位置的展示广告（Top Banner Ads）、与编辑文本相邻的方形显示广告（Square Display Ads）、搜索引擎列表中的赞助纯文本广告（Sponsored Text Ads in

Search Engine Listings），以及出现在独立网络浏览器窗口中的弹出式广告或弹出广告（Pop-up Ads or Pop-over Ads）。

二、广告回避的形式

随着媒体形式的变化，伴随媒体发展的广告形式同时出现较大变化。由于广告具备一定干扰性，会影响消费者对目标媒体内容的阅读与浏览，所以其会产生不同形式的广告回避。随着媒体形式的发展和科技手段的进步，消费者回避广告的形式也发生相应变化，常见的广告回避有以下几种形式：

（1）广告忽略（Ad Avoidance）

消费者在媒体浏览或观看过程中有意识地忽略广告，将注意力集中在其他内容上，以减少广告对自己的干扰（Li & Yin，2021；廖秉宜，温有为和胡杰，2022）。

（2）广告跳过（Ad Skipping）

消费者通过快进、跳过按钮或广告屏蔽工具等方式，直接跳过广告内容，以便更快地获取所需信息或进入娱乐内容（Li & Yin，2021；蒋丽丽，梅姝娥和仲伟俊，2014；张皓，肖邦明和黄敏学，2023）。

（3）广告屏蔽（Ad Blocking）

消费者使用广告屏蔽软件或浏览器插件，将广告屏蔽在网页浏览或应用程序中，以消除或减少广告的出现，这种行为在网络环境中比较常见（Vratonjic 等，2013；蒋丽丽，梅姝娥和仲伟俊，2014）。

（4）注意力转移（Attention Diversion）

消费者在广告出现时刻意将注意力转移到其他事物上，例如阅读杂志时忽视广告版面，或在电视广告播放时切换频道（Bosnjak，Galesic 和Tuten，2007；陈素白，2020）。

（5）避免接触（Avoidance Behavior）

消费者有意避免接触可能出现广告的媒体或场所，例如选择订阅付费服务以避免广告，或选择购买无广告的产品（LaRose 和 Eastin，2004；崔华玉和程岩，2019）。

三、广告回避的原因

原生广告的产生与发展本质上是用于应对消费者对广告的抵触与回避

问题（**Wojdynski**，2019）。广告回避的原因主要体现在用户对广告产生"疲劳感"，其触发因素涵盖了多个方面，包括人口统计特征、广告位置、信息内容、用户感知、情绪和态度等。先前研究对不同广告背景下的广告回避的前置因素进行了探究，将其大致分为个体因素（如性别和倾向）、广告因素（如广告频率和持续时间）以及心理因素（如感知侵入性和广告态度）。以下是一些常见的广告回避原因：

（1）广告侵扰（Advertising Intrusiveness）

广告在消费者的媒体体验中被视为干扰因素。广告使消费者感到不舒服或烦扰。广告过于突出、过于频繁、过于冗长等可能导致广告干扰感增加，进而引发广告回避行为（Li 和 Yin，2021；贺远琼，李彬和尹世民，2022）。

（2）广告厌倦（Advertising Wearout）

当广告在消费者的媒体体验中反复出现时，其会引起广告厌倦现象，即消费者对广告的注意力和兴趣逐渐减弱，更容易导致广告回避行为发生（Walsh，2010；贺远琼，李彬和尹世民，2022）。

（3）广告冲突（Advertising Clutter）

广告密度过高，消费者在媒体体验中面临过多的广告信息。在竞争激烈的广告环境中，广告冲突感增加，消费者更容易选择回避广告以降低信息负荷（Moriarty 等，2012；陈素白和曹雪静，2013）。

（4）广告失效（Advertising Ineffectiveness）

当广告与消费者的需求、兴趣或价值观不符，或者广告创意不够吸引人、信息不准确或不可信等时，消费者往往认为广告对自己没有价值，从而倾向于回避广告（Kalyanaraman & Sundar，2006；廖秉宜，温有为和胡杰，2022）。

（5）侵犯隐私（Privacy Invasion）

当广告过于个性化或针对个体的隐私信息时，消费者可能感到被侵犯个人隐私，从而产生对广告的负面情绪并倾向于回避广告（Jung，Lim & Kim，2022；贺远琼，李彬和尹世民，2022）。

（6）价值观冲突（Value Conflict）

当广告与消费者的价值观或文化背景相冲突时，消费者可能产生对广告的回避情绪，因为广告与其所持有的价值观不一致（Djafarova & Rushworth，2017）。

第四节　广告披露

一、广告披露的定义

广告一般由出版商所设立的内容工作室、外部广告公司或广告商自行制作的，然而读者往往可能错误地认为广告是由作者或内容编辑所创作（Einstein，2016）。为了避免读者陷入误解和混淆之中，本书有必要妥善揭示原生广告的商业性质（舒咏平和陶薇，2016）。

广告披露（Advertising Disclosure）是指在广告中明确或暗示地揭示广告性质、赞助关系或其他相关信息的行为（汪让，段秋婷和Adams，2022）。广告披露向消费者传达广告的真实性、赞助商身份以及其他重要信息，使其能够识别广告并对其进行正确的解读，以保护消费者的权益和利益（Belch et al.，2014）。

广告披露有助于消费者识别广告，并在决策过程中对广告信息进行准确的解读。此外，法律和相关规章规定在保护消费者权益和促进公平竞争方面发挥着重要作用。例如，互动广告局建议原生广告包括以下披露内容：用语表明广告已付费；且足够醒目，让消费者注意到（IAB，2013，2019）。

二、广告披露的形式

为应对原生广告的伦理争议与法律监管，大量研究开始关注出版商和媒体平台标记或公开披露的广告内容，以及披露形式在何种程度上遵守各国不同的相关法规与广告披露形式对消费者态度和行为的影响。以下是常见的广告披露形式：

（1）标识性语言（Disclosure Language）

广告中使用标识性语言，如"广告（Advertisement）""赞助（Sponsorship）""推广（Promotion）"等，明确告知用户该内容是广告（Jing Wen 等，2020；Wojdynski & Evans，2016）。

（2）图标或标识（Icons or Symbols）

这是指用通过特定的图标或标识，在广告上方或旁边进行展示，以提醒用户此内容为广告（Kim，Lee & Lee，2019）。

（3）位置和排版（Placement and Layout）

这是指将广告放置在特定位置，如页面底部、侧边栏等，使其与自然内容区分开来（Campbell & Evans，2018；Wojdynski & Evans，2016）。

（4）颜色和样式（Color and Style）

这是指广告的背景色、字体样式等与周围内容有所区别，使用户能够区分广告与非广告内容（De Jans 等，2018；Moore，Stammerjohan & Coulter，2005；Wojdynski 等，2017）。

三、广告披露的意义

不管广告商和发布商是否愿意主动进行广告披露，但是广告披露的做法对广告商、消费者以及整个市场均具有一定意义。

（1）增加广告透明度（Advertising Transparency）

广告披露帮助用户更好地识别广告与非广告内容之间的区别。这对于保持信息识别能力和避免混淆非常重要，特别是在数字媒体环境中，广告和有机内容通常混在一起。广告披露提高了广告的透明度和诚信度（王清和田伊琳，2020）。透明的广告披露表明广告商愿意公开广告内容的商业目的，而不是试图欺骗或隐藏真实意图，有助于提高用户对广告的信任感（Geradin & Katsifis，2020；Krouwer，Poels & Paulussen，2020）。

（2）保护用户权益（User Interest Protection）

广告披露帮助用户避免被误导，明确广告的目的和商业背景，减少可能的误导和不当行为（Wojdynski & Evans，2016）。透明的披露成为确保读者免受误导的重要手段，平台通过适当的披露，可以减少读者产生错误观念，从而确保广告和新闻内容之间的界限清晰明了，维护读者的信息识别能力和权益（Einstein，2016；Krouwer，Poels & Paulussen，2020；邵海，2021）。

（3）促进公平竞争（Fair Competition）

软文原生广告披露规定有助于建立公平竞争的环境，使消费者能够在不同广告之间进行明智的选择（Geradin & Katsifis，2020；Jing Wen 等，2020）。此外，在许多国家和地区，广告披露是法律要求的一项规定。不遵守广告披露规定可能会导致法律问题，广告披露有助于确保广告商和发布商遵守法律法规（FTC，2015）。

四、广告披露与广告识别

关于广告识别和广告披露的关系，一些实证研究结论提供了比较深刻的见解。对于广告识别现象，Boerman，Van Reijmersdal 和 Neijens（2015）将其理解为说服知识激活，而说服知识激活则被界定为个体区分商业内容（即广告）与社论或娱乐内容的能力（Rozendaal 等，2011）。

广告中包含披露信息会提高消费者识别其为广告的能力，但是在原生广告情景中，消费者识别广告属性的效果表现效果微弱（Boerman & van Reijmersdal，2016；Wojdynski & Evans，2016）。无论原生广告是否提供赞助标签，绝大多数消费者普遍难以区分编辑内容与付费内容（Boerman & Kruikemeier，2016；Wojdynski & Evans，2016）。

一些涵盖不同的披露特征的研究结论表明，消费者认为浏览内容为广告的比例相当小，绝大多数的参与者难以明确辨识赞助文章的广告性质（Wojdynski & Evans，2016；Wojdynski，2019）。Boerman 和 Kruikemeier（2016）的研究以推特为例，表明仅有约 20% 的用户能够准确辨别带有赞助标签的内容具有付费性质；Wojdynski（2016）的研究以在线新闻网站上的赞助性新闻文章为例，表明仅有 8% 的受访者能够准确将其识别为付费广告。

Boerman，Van Reijmersdal 和 Neijens（2015）指出，广告中的信息披露只有在消费者查看时才会导致广告识别。Wojdynski 和 Evans（2016）研究披露语言和披露位置时发现，与页面其他位置相比，在文章中间或者底部披露赞助商信息将获得更高的广告识别率；与"由……呈现"和"品牌声音"的披露语言相比，使用"广告"和"赞助内容"措辞将导致更高的广告识别率。同时，广告识别度通常会导致更多的负面评价，而视觉注意力在披露位置和广告识别之间起中介作用。明确的披露特征和精巧的披露位置设置，可以提升消费者处理广告信息时的注意力，以及识别披露信息的概率（Wojdynski & Evans，2016）；同时，详尽或清晰的披露语言可以促进消费者对内容付费或广告说服性质的关注和理解（Jing Wen 等，2020）。

消费者对于原生广告识别程度低的原因表现并非十分明确。一些结果表明，消费者经常遗漏披露标签，而这是解释广告披露的重要证据，是识别原生广告赞助属性的关键步骤（Wojdynski & Evans，2016）。Wojdynski

（2019）指出，消费者对原生广告、出版商或广告商的认知，在很大程度上受所浏览的内容是否为广告的影响。那些能够识别文章为广告的消费者，往往比未能识别的消费者更倾向于对文章和出版商的可信度进行较低的评价。同样，对于广告商的影响，例如，对文章、广告的态度，对广告商的态度，以及购买意愿，那些能识别出赞助内容为广告的人通常会有较低的评价。消费者对于以原生形式出现的隐秘的有偿广告常常会有负面反应，但这需要消费者能够识别出这种广告。

披露内容的清晰度与对比度可以有效影响广告识别。对于已经被明确认定为广告的内容，披露可能对广告识别影响不大。原生广告的设计目的是融入其中，因此其本身就很难被识别，而清晰醒目的信息披露则有可能为消费者提供重要的诊断信息。披露信息清晰醒目与否对于消费者对原生广告的识别起到重要作用（Campbell & Evans，2018）。此外，广告数量增加以及广告位置竞争都可能增加原生广告识别度。相比独立呈现的广告，共同评价广告及披露信息有望在更大程度上提升广告的识别度（Campbell & Evans，2018）。

第三章 理论基础

第一节 同化效应和对比效应

一、理论产生与发展

1. 同化效应

同化效应（Assimilation Effect）是指个体对信息或刺激的评估和感知会受到自身态度、信念、偏好等因素的影响，从而导致他们更倾向于将新信息与自己已有的观点或期望进行整合，使其更符合自己的认知框架（邢淑芳和俞国良，2006）。简而言之，同化效应使得个体更容易接受与自己观点一致的信息，而忽视或歪曲与自己观点不一致的信息。同化效应的研究可追溯到 20 世纪 60 年代，Festinger 和 Maccoby（1964）指出，个体倾向于在与自己观点相符的情况下更积极地对待信息，并更容易接受与自己观点一致的说法（Burnkrant & Unnava，1995）。

在广告领域，同化效应被广泛运用于广告创意和传播策略（刘再兴，2009）。广告商通过利用同化效应，将产品或品牌与目标受众已有的观点和价值观联系起来，以增加受众对广告的认同和接受度（Rucker & Petty，2006）。例如，通过使用与目标受众身份认同相关的形象、语言或情景，广告可以激发受众的同化效应，使其更容易接受广告信息。

2. 对比效应

对比效应（Contrast Effect）是指当个体面对不同选项或刺激时，他们的评估和感知会因为这些选项或刺激之间的相对差异而受到影响。具体而言，对比效应使得个体更倾向于将两个或多个选项进行比较，将注意力放在差异之处，从而影响其对每个选项的评价和偏好（邢淑芳和俞国良，

2006）。对比效应的研究可追溯到 20 世纪 60 年代。Sherif，Sherif 和 Nebergall（1965）指出，个体对于同一刺激的评估会受到先前接触到的刺激或选项的影响。如果个体先接触到较差的选项，后续的选项会被认为更好；反之，如果个体先接触到较好的选项，后续的选项会被认为较差（Simonson，Carmon & O'Curry，1994）。

在广告中，对比效应被广泛应用于产品比较广告和价格促销广告中。通过将产品与竞争对手进行比较，广告可以突出自身产品的优势和特点，从而增强消费者对自身产品的好感和偏好（刘再兴，2009）。此外，价格促销广告中的对比效应也可以通过与原价进行比较，使消费者感知到价格的优惠，并激发购买欲望。

二、在原生广告中的应用

同化效应与对比效应的产生条件因素之一是个体在进行广告信息加工时的认知资源不同。认知资源高的消费者倾向于利用情景提示激发的联想判断目标广告，从而表现出高对比效应，而认知资源低的消费者倾向于抑制情景提示激发的联想的使用，从而表现出低同化效应，情景影响取决于消费者认知资源，认知资源则进一步影响媒体情景效应（Kim，Youn & Yoon，2019）。

一些研究认为，消费者可能会将与媒体关联匹配的原生广告视为整体内容的一部分，而与媒体内容不匹配的广告则视作不属于整体内容的一部分，因而非原生广告更加容易遭受目标消费者的抵触与规避。早期研究主要关注传统媒体环境中广告内容与媒体内容的相关性影响（Meyers-Levy & Sternthal，1993）。随着新媒体发展，不断催生的新型的广告形式（例如，信息流广告、原生广告），模糊了广告内容与情景内容的边界，从而让广告信息与品牌信息对消费者说服的影响更加难以确认（Taylor，2017；Wojdynski，Evans & Hoy，2018）。

一种观点认为，原生广告强调广告内容与媒体内容的契合度，获取目标的关注可能以牺牲媒体内容关注度为代价，媒体内容与原生广告相似度越高，目标广告展露在高度重叠、相似的语境线索时，同化效应将会越显著，消费者可能会认为广告内容是媒体内容的一部分，从而导致消费者认为原生广告比内容不相关的广告客观度更高（Chun 等，2014；Janssens，De Pelsmacker & Geuens，2012）。在当广告的形式和设计与媒体情景相似时，其可能会对消费者评价广告具有正向影响，即广告与周围编辑内容的无缝契合，会削弱消费者识别广告信息内容的意识，进而影响消费者注意广告的说服意图（Kim & Hancock，2017）。

另一种观点认为，广告内容与媒体内容不太一致可能会吸引目标消费者更集中的注意力。格式塔理论（Gestalt theory）认为，新颖或意想不到的刺激更有可能刺激个体的定向反应。同理，进化生物学理论（evolutionary biology theory）认为，人类天生擅长识别与周围环境脱颖而出的内容。单一来源媒体内容研究证实，图文并茂的内容形式可能会促进个体感知流畅性（perceptual fluency），进而产生积极的态度（Rompay，Vries & Venrooij，2010）。Beymer，Orton 和 Russell（2007）发现，与嵌入文本内容相关的非广告图片相比，与主文本内容无关的广告图片更能吸引在线阅读者的注意力。因而，原生广告与其他广告相比不具备更高的识别度和关注度。

此外，原生广告的"隐蔽性"会降低消费者对原生广告的图式激活效果，相比内容关联度低的广告，消费者可能认为原生广告说服效果相对更好，然而，消费者意识到原生广告是商业赞助信息时，极有可能对原生广告的可信度产生影响，从而触发消费者对原生广告的广告模式识别，进而增强感知欺骗性（Campbell & Marks，2015），增强广告及广告隐含说服意图的识别，进而导致原生广告影响力下降（Kim & Hancock，2017）。

第二节　说服知识模型

一、理论产生与发展

说服知识模型（The Persuasion Knowledge Model，PKM）是消费者在应对广告和销售演示等说服尝试时所采用的各种策略所形成的知识。该模型合理地解释了消费者如何学会应对说服尝试，并制定各种影响营销传播绩效的应对策略（Friestad & Wright，1994）。

说服知识模型（Friestad & Wright，1994）指消费者在采取措施应对说服尝试的过程中形成的知识，会随着消费者接收到的说服刺激增加而加深。根据说服知识模型，说服知识能够帮助消费者采取最有效的策略应对说服尝试（Friestad & Wright，1994），并影响随后的广告或销售说服效果。

但是说服知识并非抵抗说服尝试的措施，而是消费者应对营销策略时的自我控制能力，反映了消费者解释说服策略时的自信程度（Friestad & Wright，1994）。说服知识并非单维概念，Krouwer，Poels 和 Paulussen（2017）将说服知识区分为概念说服知识（即消费者对说服尝试的认识程度）和态度说服知识（即消费者对说服尝试的批判性处理和感受）。

说服知识的"意义变化原则"是指在不同的社会、文化和历史背景下，消费者对于说服和论证所使用的知识和方法可能会发生变化的一种观点。这一原则强调，消费者在不同的时空环境中，对于合理性、可信性和有效性的认知标准可能存在差异，因此，有效的说服和论证策略需要根据特定的情景和受众来进行调整和优化（Friestad & Wright，1994）。该原则反映了知识、观念和价值观在不同历史时期和文化背景中的演变。在不同的社会和文化中，消费者对于权威、证据类型、逻辑结构和情感表达等方面的看法可能会有所不同。这些因素会影响消费者在说服和论证过程中所选择的论据、策略和方法（Friestad & Wright，1994；Nelson，Wood & Paek，2009）

二、在原生广告中的应用

说服知识模型在多个学科领域得到了广泛的应用。在社会心理学领域，该模型被用于研究人际影响和社会认知。在传播学和营销学领域，该模型被用于解释广告、宣传和市场传播对受众的影响。在消费行为研究领域，该模型被用于理解消费者在购买决策过程中对市场信息的认知和评估（Campbell & Kirmani，2000；曾伏娥，顾梅梅和刘敏，2019；刘文静，袁依格和刘炳胜，2022）。

在互联网广告环境中，消费者对于广告的识别和应对说服意图受到多种因素的影响，包括广告媒体的发展、信息来源的多样性、信息类型的多元性以及编辑政策的限制等（Flanagin & Metzger，2000）。广告的成功与信息理解密不可分，说服知识模型常用于解释软文原生广告披露和识别过程。消费者一旦认识到广告的说服和销售意图，基于说服知识模型的解释提供了两种截然不同的观点。一种观点认为说服知识产生负面影响，消费者可表现为怀疑、回避、抵御等状态，例如，说服知识对广告商（Nelson，Wood & Paek，2009）、广告信息（van Reijmersdal 等，2016）、广告内容评价（Robinson 等，2001），以及信息分享和产品购买意愿都有负面影响

（van Reijmersdal 等，2015；Wojdynski & Evans，2016）。另外一种认为观点认为说服知识具有正向影响，消费者可表现为理解、接受等状态，例如，掌握对应知识的人在说服情景中更容易激活说服知识（Waiguny，Nelson & Terlutter，2014）、掌握对应知识的人更可能识别说服意图（Wright，Friestad & Boush，2005）。总体而言，说服知识集中于负面影响，例如，增强消费者识别销售意图的能力，促使消费者对广告产生消极态度（Conill，2016；van Reijmersdal 等，2015），帮助消费者防御性地应对说服尝试（Robinson 等，2001）。

原生广告作为一种营销广告形式，致力于通过融入内容和环境，与受众的期望和阅读体验相符合，来达到更好的说服效果（曾伏娥，顾梅梅和刘敏，2019；马向阳 等，2012）。说服知识模型为解释原生广告的影响提供了有益的理论支持。新的营销情景中，广告和非广告间的界限越发模糊，说服知识同时可以增加消费者的决策信心，帮助消费者准确地解释新信息（Jung & Heo，2019）。根据说服知识模型的观点，受众对原生广告中的推销手段和目的有一定的认知和警觉性，他们会运用自己的说服知识来解读和评估原生广告的有效性和可信度（Campbell & Kirmani，2000）。虽然使用隐蔽性的展示方式可能短期为用户带来正向体验，减轻消费者对广告的抵触情绪，但随着消费者长期暴露于原生广告场景，累积应对原生广告的说服知识（Campbell & Kirmani，2000），可能逐渐产生"抗体"，从而对原生广告的防御机制更容易被激活（Jing Wen 等，2020）。尽管原生广告的形式和格式与背景内容高度相似，但大多数在线原生广告与媒体编辑内容之间存在一定的差异。这些差异主要体现在信息披露的频率、规模、语言和位置上（Wojdynski & Evans，2016），因此原生广告是否选择披露、选择何种形式的披露对消费者的说服知识运用可能具有重要影响。

同时，广告商可以使用消费者的说服知识来设计更有效的广告。例如，如果广告商知道消费者对某种劝说策略有负面看法，他们就可以避免使用这种策略。另外，如果广告商知道消费者对某种策略特别敏感，他们就可以优先使用这种策略。此外，广告商还可以通过改变劝说的情景（如改变广告的发布渠道或时间）来增加广告的效果。在广告创意和策略制定方面，该模型可以帮助广告人员了解受众对广告手段和技巧的理解和反应，从而设计更具说服力的广告内容。在市场传播中，该模型可以帮助市场人员了解消费者对市场信息和推销手段的反应，从而制定更有效的市场传播策略。

第三节 图式理论

一、理论产生与发展

图示理论（Schema Theory）由心理学家 Bartlett（1932）提出，他的研究揭示人的记忆能够把各种信息和经验组织成认知结构，形成常规图式并储存于记忆中，新的经验可与先前经验对比从而被个体理解。图式是个体对先前反应或经验的一种积极组织，是储存在学习者大脑中的一种信息对新信息起作用的过程，以及学习者知识库吸收新信息的过程（Bartlett，1938）。后续，Piaget 和 Cook（1952）等学者对图式理论进行了深入研究，进一步发展了图式理论的概念和应用。

图式理论主要用于解释个体在信息加工和记忆过程中得出的认知结构和心理框架的作用（乐国安，2004）。图式（Schema）是一种有组织的记忆系统，可使人专注刺激、做出推论以及赋予刺激以意义，将记忆中的信息进行组织供以后使用，并促使其对相关刺激做出一致的反应（Cheong & Kim，2011）。Fiske 和 Linville（2016）认为图示是个体从之前接触的物体中提取的知识并存储在记忆中而形成的认知结构。

图式包含相关的知识、经验和期望，对个体的感知、记忆、推理和决策产生影响。图式通过帮助个体组织和理解信息，促进对环境的快速处理和适应。图式理论提出了一系列核心概念，包括图式的构建、激活、补全以及影响，这有助于解释图式的构建与功能（Jung, Lim & Kim，2022）。首先是图式的构建。个体在日常生活中通过积累经验和学习逐渐形成了对特定对象或情景的图式结构。这些图式结构由关联的概念、特征和关系构成，从而协助个体对各类信息进行编码、存储和检索，从而有效地加工与应用这些信息。其次是图式的激活。当个体遭遇与其图式相关的信息时，这些图式会被激活，引导并影响个体对这些信息的处理。图式的激活过程涉及将新获得的信息与已有的图式进行比对和调整，以便更好地理解和应对当前情景中的信息。然后是图式的补全过程。当个体在信息接收过程中遇到不完整的信息时，借助已有的图式知识和期望，个体能够通过填充缺失的信息来完成图式，使其更加完整和一致。最后是图式的影响。图式对于个体的认知、情感和行为产生着深刻的影响。在信息处理过程中，图式塑造了个体对信息的注意、解释和评价方式，同时也影响着个体对新信息的接受或拒绝态度。

二、在原生广告中的应用

图式理论在哲学、心理学、认知科学等领域得到了广泛应用（康立新，2011）。例如：在认知心理学中，图式理论涵盖了对记忆、学习以及问题解决等过程的解释。在社会心理学领域，图式理论有助于解释个体对社会情景和他人行为的认知和解释。在教育心理学中，图式理论被用于引导教学设计和学习策略的制定。

在营销和广告领域，图式理论扮演着特殊的角色，有助于理解消费者对广告和品牌形成的认知和态度。消费者往往依据他们所持有的图式来理解和评估产品、品牌以及广告。图式在消费者的感知、注意、记忆和评价中起着重要作用，因而对于市场营销和广告策略产生着重要的影响（冯文婷 等，2022；朱华伟和黄印，2016）。

在广告研究领域，图示理论主要应用于广告研究机制的探讨。例如，在广告内容理解方面，Brewer 等（1984）认为图式是"高阶结构"，有助于个体将新知识与旧知识整合起来。当消费者接触新广告时，他们会审视可观察到的线索，并将其与已有的模式进行对比。在广告的记忆与识别方面，图式理论强调个体对广告信息的记忆和识别是基于已有图式的匹配和激活（Pieters，Warlop & Wedel，2002）。在品牌认知和联想方面，品牌广告可以通过激活品牌图式和建立品牌联想来促进品牌认知和形象的塑造。此外，广告的个性化和定制化也可以根据不同消费者的图式和个体差异进行调整。通过了解消费者的图式结构，广告可以更好地满足消费者的需求和期望（丁家永，2001）。

图式理论的作用主要体现在消费者感知内容的匹配性，以及导致其对品牌、广告商和广告的态度变化上（Lynch & Schuler，2010）。具体来说，图式一致的项目往往引起积极的反应，因为个体更偏好清晰、可预测的对象。当面对新的或陌生的信息时，消费者倾向于预测新信息能否与已有图式匹配，以及如何匹配（Meyers-Levy & Tybout，1989）；而图式不一致的信息则可能导致零散的信息加工，消费者可能会寻求额外的证据来验证信息的真实性，从而导致消极的反应（Luan 等，2016）。

原生广告作为一种将广告与媒体内容融合的形式，具有与用户期望和体验协调一致的优势。其目标在于通过与媒体内容的融合来提供更为自然、流畅的广告体验。相比传统广告形式，原生广告更加注重与媒体环境的协调，以更好地吸引用户的关注和兴趣（Wojdynski & Evans，2016）。Evans 和 Park（2015）主张利用图式理论解释在隐蔽情景中说服知识的作用机制。图式作为一种高阶认知结构，为个体整合新旧知识提供了一种机制。当个体面临新的广告形式时，其会注意可观察的线索，并将这些线索与他们已有的广告图式进行比较。这种比较有助于个体在隐蔽情景中更好地理解广告信息，从而影响他们的态度和行为。

图式理论与原生广告的关系在以下几个方面体现：首先是图式匹配。原生广告通过与媒体内容的融合来与用户的期望和图式相匹配。其次是广告记忆与认知。原生广告通过与媒体内容的融合，将广告信息与用户已有的图式关联起来，增强广告的记忆效果和认知影响。最后是广告接受度和情感。原生广告通过与媒体内容的一致性和自然性，可以更好地激发用户的情感共鸣和积极评价。

第四章 研究变量

第一节 消费者态度

一、广告态度

态度（attitude）是一个心理学概念，是指一种稳定持久的内部状态并可能激发和引导个体的行为（Ajzen，1991）。广告态度（Advertising Attitude）是指受众在特定的曝光情境下对广告刺激所产生的持续的积极或消极情绪（Huh，Delorme & Reid，2015），是消费者对广告整体情感和认知反应的综合体现（Kim & Yu，2015）。

广告态度是市场营销和广告研究的一个核心概念，被广泛用于预测消费者的购买意愿和行为（Lutz，MacKenzie & Belch，1983；MacKenzie，Lutz & Belch，1986；Madden，Allen & Twible，1988；凌文辁和方俐洛，1991）。广告态度形成受到许多因素的影响，包括广告内容、形式（MacKenzie，Lutz & Belch，1986），以及消费者的个人特征和消费情景的影响（Brown & Stayman，1992；Shavitt，1990；周丽玲，2005）。

在广告领域，广告态度应用于广告设计与广告评估。通过调查研究，广告商也可以了解消费者对现有广告的态度，以评估广告效果和提供改进的方向。Spears 和 Singh（2004）指出态度和行为与道德意图之间的相互作用关系，其强调了个体的态度（对某个对象、主题或行为的评价）与其行为之间以及道德意图（基于道德准则和价值观的意图）之间存在联系。理论和实证研究都表明，积极的广告态度可以提升消费者的品牌态度和购买意愿（MacKenzie & Lutz，1989），影响个体对品牌的态度和偏好（Homer，1990），这对个体的购买意愿产生影响（Mitchell & Olson，1981）。

在原生广告等更具隐蔽性和潜在欺骗性的形式中，这种时间顺序可能尤为适用。因此，最初未能辨别出原生广告为广告的消费者，在接触了足够多的广告内容后，或许会逐渐认识到这些内容的广告本质。在这种情景下，一开始可能因广告形式或性质而产生误导感的消费者，随着时间的推移可能会意识到这些内容实际上是广告。这种认知延迟可能进一步引发被欺骗的感受或对赞助商的不信任（Held & Germelmann，2014），或许可能对消费者的态度产生负面影响（Boerman，Van Reijmersdal & Neijens，2015）。

二、品牌态度

品牌态度（Brand Attitude）是指消费者对特定品牌的喜欢与不喜欢的程度（Bruner，Gordon & Kumar，2000；Kim & Yu，2015），是对品牌的整体态度和认知反应的综合体现（Kim & Yu，2015）。广告态度和品牌态度都是衡量广告有效性的常用指标（Yoo & MacInnis，2005；李琼和吴作民，2008），（Nysveen & Breivik，2005）汇总文献特别指出广告态度和品牌态度是测量广告有效性的两个最实用、最有效的指标。

品牌态度的形成受到众多因素的影响，常见因素包括广告、质量和价格、以及品牌形象等。其中，广告是影响品牌态度的一个关键因素（Nysveen & Breivik，2005），它是品牌和消费者之间最直接的沟通渠道（Brown & Stayman，1992）。通常，广告态度和品牌态度之间存在正向关系（Spears & Singh，2004），即消费者对广告的态度越积极，其对品牌的态度也就越积极（MacKenzie & Lutz，1989；Mitchell & Olson，1981）。反之，如果消费者对一则广告的态度是消极的，其对品牌的态度也可能是消极的（Boerman & Kruikemeier，2016）。

品牌态度可以促进系列营销效果，其中，品牌态度对个体的购买意愿产生积极影响（Spears & Singh，2004）；品牌态度影响个体对品牌的忠诚度和重复购买行为（Chaudhuri & Holbrook，2001）；品牌态度影响个体对品牌的口碑传播和品牌推荐行为（Keller，1993）；此外，品牌态度对品牌价值和市场地位还具有实际影响（Aaker，1996；Yoo，Donthu & Lee，2000）。

三、平台态度

在电子商务环境下，平台态度（platform attitude）主要指个体对特定网络平台（例如，电子商务平台、社交媒体平台等）的整体评价（Chen，Gillenson & Sherrell，2002），体现出消费者对网络平台的整体情感和认知反应。本书基于社交媒体情境探究原生广告披露的影响，特指消费者对社交网络平台的态度（Akar & Topçu，2011；Popy & Bappy，2022；李宁，2019）。

消费者对社交媒体平台的态度受多种前置变量的影响，例如，平台的兼容性、感知有用性和感知易用性等对消费者对电子商务平台的态度、使用可能性以及实际使用具有积极影响（Chen，Gillenson & Sherrell，2002），而平台的感知侵扰性使消费者对平台态度产生负面影响（Arli，2017）。同时，平台其他用户的评价、评论和推荐等信息可能影响消费者对平台的态度（Bhati，2020；Popy & Bappy，2022）。此外，消费者的个体特征、性格、经验等其他因素也可能影响消费者度态度。

平台态度对消费者个体和企业均具有重要的影响，例如，平台态度对个体的平台使用意愿产生影响，积极的平台态度会增加个体的使用意愿（Chen & Lee，2014）；同时，平台态度对消费者的忠诚度、认知度以及购买意愿具有显著影响（Arli，2017）。此外，消费者对平台的态度还会影响实际的用户增长、广告效果和盈利能力等（Bhati，2020；Liu，Li & Hu，2013）。

在原生广告情景中，Campbell 和 Kirmani（2000）指出，消费者一旦认识到软文原生广告的内容实际上是广告，而非社论（新闻）性质的内容，可能会感到被误导或对媒体平台产生不满（Friestad & Wright，1994）。由于软文广告的外观与内容发布商的非广告型文章相似，消费者可能会准确地推断媒体平台在软文广告的创作中有一定的参与，其可能将被误导的责任归因于媒体平台，从而削弱对发布商的态度（Darke & Ritchie，2007；Wei，Fischer & Main，2008）。即使消费者没有被误导，只有意识到软文广告的本质是广告，他们仍可能将媒体平台视为广告的参与者，并将其视为"广告商"的一部分。消费者对广告的负面反应也可能通过防御性刻板印象对媒体平台产生影响（Darke & Ritchie，2007）。

第二节　消费者行为意向

一、购买意愿

购买意愿（Purchase Intention）是营销学的重要概念，代表消费者购买特定产品或服务的可能性（Morrison，1979）。20 世纪 50 年代起，营销研究者开始将购买意愿视为度量消费者可能购买行为的重要指标，用于预测产品的销售趋势，进行库存管理，以及制定有效的销售策略（Morwitz，1997）。购买意愿是指个体在特定情景下表达的购买产品或服务的意愿程度，体现出个体对产品或服务的兴趣、好感和购买倾向（Laroche，Kim & Zhou，1996）。

消费者的购买意愿受多种前置变量的影响，包括产品质量、广告态度、品牌态度、网络口碑与个体特征等。其中，产品质量与满意度是影响消费者购买意愿的重要变量（Taylor & Baker，1994；李琪和阮燕雅，2015）。消费者对广告的态度可以直接影响其对产品或服务的认知，从而影响他们的购买意愿（Lutz，MacKenzie & Belch，1983）。消费者对品牌的态度也会影响他们的购买意愿（Spears & Singh，2004）。同时，品牌忠诚度对个体对购买意愿产生影响，忠诚度较高的消费者更加具有购买意愿（Balakrishnan，Dahnil & Yi，2014；柯燕飞和朱杏，2013）。此外，口碑与网络口碑对个体的购买行为具有正向影响（Bataineh，2015；Yusuf，Che Hussin & Busalim，2018；左文明，王旭和樊偿，2014）。

购买意愿对个体和企业具有重要的影响，购买意愿体现出个体对品牌或企业的支持行为，购买意愿较高的个体更有可能成为品牌的支持者。例如，购买意愿与实际购买行为之间存在一定的关联，购买意愿较高的个体更有可能实际购买产品或服务（Morrison，1979；Zarei，Asgarnezhad Nuri & Noroozi，2019）。

二、分享意愿

分享意愿（Share Intention）是指个体在特定情境下，分享信息或其他内容，以满足自身或他人的需求、目标或期望的倾向（Ma，Zhang & Yan Ding，2018）。分享意愿通常涉及在社交媒体、协作平台、互联网等场景中，个体或组织分享信息的主观愿望（Lee，Kim & Ham，2016）。信息分享可通过口头、书面或在线媒体等形式进行（Balakrishnan，Dahnil & Yi，2014；Djafarova & Rushworth，2017；Yusuf，Che Hussin & Busalim，2018）。

消费者的分享意愿受多种前置变量的影响。例如：消费者对广告的态度显著影响其分享的意愿（Chen & Lee，2014）；品牌的知名度、认可度、品牌形象等也会影响个体的分享意愿行为（Bataineh，2015；Graham & Wilder，2020；Sallam，2014）。此外，个体与他人的意见、推荐和信任等对个体的分享意愿行为也会产生影响（Djafarova & Rushworth，2017；Hennig-Thurau 等，2004）。分享意愿在消费者行为中具有重要的影响，既影响个体消费者的决策，也可以对品牌和企业的声誉和市场表现产生影响（郭国庆 等，2010）。例如，分享意愿行为可以对品牌的声誉和形象产生积极或消极的影响，甚至影响产品或品牌在市场中的销售表现和市场份额（Chevalier & Mayzlin，2006；Duan，Gu & Whinston，2008；Park & Lee，2009）。

根据广义定义，原生广告包括社交媒体上各种类型的营销传播，如搜索广告、推广推文和建议帖子，都允许消费者主动互动和参与，例如，"喜欢（like）"和"分享（share）"（Lee，Kim & Ham，2016）。因此，社交网络的功能完善促进了传统分享意愿和分享行为的便捷操作。

第三节　中介变量和调节变量

一、赞助透明度

赞助透明度是指消费者对广告中的赞助关系的感知程度，即他们能否准确地识别广告内容与背后的赞助商之间的联系（Campbell & Kirmani，2000）。Wojdynski，Evans 和 Hoy（2018）称赞助透明度为"有说服力信息的赞助商的明确沟通"。即赞助透明度是赞助传播所引发的效应，使得消费者察觉其付费性质以及赞助商身份的程度（Wojdynski，Evans & Hoy，2018）。赞助透明度的概念衡量了消费者对广告中存在的赞助元素的感知程度，这些赞助元素涵盖广告赞助商的明确度、品牌曝光的强度、传播行为被视为广告披露的程度方式以及消费者认为传播试图欺骗他们的意图的程度。对广告中这些要素的看法具备评估性质，而非仅仅是一种简单的诊断（Campbell & Kirmani，2000）。

同时，赞助透明度并非仅仅在于揭示消费者如何区分和辨认广告内容，更在于将其概念化为一种方法，以评估消费者对特定广告信息的整体印象，即广告或其他商业的表现是否清晰、透明地传达其付费商业信息的性质（Wojdynski，Evans & Hoy，2018）。Wojdynski，Evans & Hoy（2018）在其开发的量表中确定赞助透明度的四个维度：品牌存在、赞助商清晰度、信息披露以及欺骗性。在广告中同时呈现商业和非商业内容的形式中，消费者对于赞助商在揭示广告付费性质方面的透明度的感知在塑造消费者对广告的反应方面可能具有重要作用（Wojdynski，Evans & Hoy，2018）。

赞助透明度的感知受多种因素影响，以下是常见的前因变量：首先，广告披露方式的明确性和清晰度会影响消费者对赞助透明度的感知，例如明确的披露语言、标签或标识的使用（Krouwer，Poels & Paulussen，2020；Wojdynski 和 Evans，2016）。其次，广告内容相关性。广告内容与赞助商之间的相关性程度可能会影响消费者对赞助透明度的感知，如果广告与赞助商的产品或领域相关性高，那么消费者会更容易识别赞助关系（Cornwell 等，2006；Gwinner & Eaton，1999）。最后，消费者的广告知识和说服知识水平可能会影响其对赞助透明度的感知，具有较高知识水平的消费者更容易识别赞助关系（Eisend 等，2020）。

赞助透明度对消费者和品牌可能产生不同的后果，例如，赞助透明度与消费者的广告态度和品牌态度之间具有一定关系，消费者对赞助透明度感知较高的广告可能产生积极的广告态度（Eisend 等，2020）与正面的品牌态度（Boerman，Willemsen & Van Der Aa，2017）。此外，赞助透明度感知可能促进消费者的购买意愿，消费者更愿意购买与赞助商相关的产品或服务（Eisend 等，2020）。

二、感知欺骗

欺骗（Deception）是一种在各领域常见的做法，因此，欺骗的定义与主要特征界定存在混淆。社会心理学把欺骗定义为明知是虚假信息，却故意传递给接受者的行为（Masip，Garrido & Herrero，2004；Vrij 等，2010）。一些观点认为欺骗甚至可能是一种法律认可的规范做法，理解广告中的欺骗概念必须与法律规定结合（Richards，2013）。感知欺骗（perceived deception）是指个体对其所接触的广告在产品或服务的实际性能方面试图误导他并损害其利益的评估（Chaouachi & Rached，2019；李东进和刘建新，2016）。根据行为主义观点，欺骗是根据接触广告后获得的信念来衡量的，与广告商的实际意图无关。例如，如果消费者因广告而做出不正确的推断，则该广告具有欺骗性（Barone & Miniard，1999）。

感知欺骗的程度可能受多种因素影响，以下是常见的前因变量：首先是广告信息的虚假性（卢长宝，秦琪霞和林颖莹，2013）。广告中常见两种形式的欺骗：显性欺骗与隐性欺骗。显性欺骗常常使用欺骗信息，在目标人群中制造虚假信息，而隐性欺骗则是使用故意制作的主张，误导消费者阅读字面信息之外的信息，使其对产品或服务属性做出错误的推断（Hastak & Mazis，2011；Xie & Boush，2011）。其次是披露的明确性，广告披露的明确性和清晰度会影响消费者对广告的感知，如果披露不够明确或不足以满足消费者的期望，可能增加感知欺骗的可能性（Campbell & Evans，2018；Wojdynski，2016）。最后消费者的广告知识和产品知识水平可能会影响其对广告的理解和披露的评估，具有较高知识水平的消费者可能更容易识别欺骗或误导行为（Xie，Boush & Boerstler，2007）。

感知欺骗可能对消费者和品牌产生不同的后果，例如，感知欺骗与广告态度呈现显著的负向关系，消费者对于广告商在广告中的"欺骗"行为表现出明显的反感（Vohs，Baumeister & Chin，2007），同时，对于广告商的操纵意图也表现出负面情感和抵触情绪（Campbell，1995）。同样，感知欺骗较高的广告可能会对品牌形象产生负面影响（Chaouachi & Rached，2019）。此外，感知欺骗较高的广告可能会降低消费者的购买意愿，消费者可能对广告所推销的产品或服务产生怀疑或不信任（Owen 等，2013；Roselius，1971）。另外，感知欺骗较高的广告可能会对口碑传播产生负面影响，消费者可能会在社交媒体或朋友之间分享负面的广告体验（Lim，2017）。

在原生广告情景中，尽管大量广告商对原生广告相对新颖的广告策略持乐观态度（Harms，Bijmolt & Hoekstra，2017），但其隐蔽性问题引发了监管机构和公众的关切（Lee，Kim & Ham，2016；Wojdynski，2016）。该争议的核心在于原生广告的隐蔽性可能存在欺骗和误导的风险。原生广告内容的微妙性招致了大量批评，其隐蔽的展示方式混淆了信息的来源（付费内容与编辑内容）（Jung & Heo，2019）。尽管原生广告确实需要披露，但采用不明确的披露措辞（如介绍、推广、赞助、建议、推荐等）可能会令消费者感到困惑，进而可能损害营销传播工具的整体可信度。对于如何在原生广告中平衡隐蔽性与披露的问题仍然存在许多争议（Jung & Heo，2019）。

三、说服知识

说服知识（Persuasion Knowledge）是指消费者关于营销者的说服目标和尝试、潜在动机和策略以及说服如何发挥作用的知识和信念（Friestad & Wright，1994）。随着接受者的说服知识水平提高，他们能够更有效地识别、反思、理解和评估影响者的意图和努力。拥有更丰富说服知识的接受者不仅能更好地理解自身利益，还能深入了解影响者的利益以及影响者如何追求这些利益，进而对说服效果产生影响（Eisend & Tarrahi，2022；梁静，2008）。

说服知识的水平可能受多种因素影响。以下是常见的前因变量：首先是个体因素，个体因素指的是专业知识和认知资源的差异，例如，年龄、经验和教育背景（Nelson，2016）等。总体上，说服知识随着年龄增长而增加，到老年达到饱和（Rozendaal，Buijzen & Valkenburg，2011；Van Reijmersdal，Rozendaal & Buijzen，2012）。其次是情境因素，例如，认知资源可用性（Campbell & Kirmani，2000；王逸瑜，2023），影响资源可得性（Campbell & Kirmani，2000；Morales，2005；陆卫平，2012），以及赞助信息的披露（Boerman & van Reijmersdal，2016；Eisend 等，2020）等。

说服知识的水平可能对广告效果产生不同的影响，例如，个体对广告的态度与其说服知识水平可能有关，具有较高说服知识水平的个体可能更具有批判性思维，对广告表现出更加明晰和理性的态度（Eisend & Tarrahi，2016）。此外，说服知识水平可能与广告效果相关，具有较高说服知识水平的个体更能理解自身与广告商的利益，对广告说服策略有一定的抵消效果（Campbell & Kirmani，2000）。总体而言，基于说服知识相关研究一般见解是，说服知识可以增加消费者应对反应，导致相对较差的评价（Campbell & Evans，2018；Eisend & Tarrahi，2022；江晓东和桂辉，2015）。

第五章 研究一：广告评价模式的影响

第一节 研究目的

在社交媒体平台中，优质的广告位毕竟有限，广告位竞争成了一个关键议题，即在网络媒体上，广告商之间为了争夺有限的广告位资源而展开竞争（Jing Wen 等，2020）。广告位竞争涉及广告商的投放策略、定价策略以及媒体的广告位分配等一系列问题（Ghose & Yang，2009）。

在此竞争激烈的背景下，原生广告作为一种融入性的广告形式，以其与背景媒体和谐一致的特性吸引了越来越多的关注。然而，相对于传统的展示广告，现有研究对原生广告的效果以及它在广告位竞争中的具体角色了解还不够充分，尤其在原生广告和展示广告共存的情景下，两者的共同呈现是否会影响消费者的广告识别、态度和行为，这是一个值得深入探讨的问题。

在实际的网络媒体环境中，消费者常常同时面临多种形式的广告，其中包括原生广告和传统展示广告。在此复杂的情景下，消费者需要快速识别不同类型的广告，然而由于原生广告的隐蔽性，其广告属性往往难以被迅速辨认。先前已有研究指出，广告的辨识程度可能直接影响消费者的态度形成（Boerman & van Reijmersdal，2016；Wojdynski & Evans，2016）。因此，本书特别关注共存情景下，两种广告形式的共同呈现是否会对消费者的态度和行为产生影响。

具体而言，本研究将包括两个主要目标：首先，我们将分析消费者对原生广告的单独展示和共同展示的不同反应，包括对广告态度、品牌态度、平台态度，购买意愿和分享意愿的影响，并深入研究其中的中介作用机制。其次，我们将在不同的广告展示情景下，进一步验证软文原生广告披露影响过程中的中介作用机制和调节效应。

为实现上述两个目标，本研究将展开两个主要的研究情景：首先，我们将模拟单独评价和共同评价的广告位置竞争的实验情景，探讨消费者对广告态度、品牌态度、平台态度，购买意愿和分享意愿的感知差异，以及其中的中介机制。其次，在前置实验情景基础上，我们将进一步探讨知识水平对广告评价模式在影响消费者广告态度、品牌态度、平台态度，以及购买意愿和分享意愿过程中的调节作用。

通过这两个情景实验，本研究旨在深入理解软文原生广告与展示广告的单独与共同评价对消费者态度和行为意向的影响，探究其影响机制和作用条件，并构建完整的广告位竞争情景中广告评价模式的作用路径。

第二节　文献回顾与假设推导

一、广告类型：原生广告和展示广告

伴随着消费者对展示广告有效性的怀疑，广告商积极采用在线原生广告作为一个新的混合营销平台（Ha，2017）。原生广告是一种精心设计的广告形式，其目标是通过模仿出版商编辑内容的外观和风格，将广告内容融入平台环境中，从而使其看起来与周围的内容无缝衔接（Wojdynski & Evans，2016）。展示广告是一种旨在吸引用户注意力的传统的数字广告形式，通常以图片、动画或视频的形式显示在网页或应用程序的特定位置，通常展示广告被放置在页面的上方、侧边栏或底部，并以醒目的方式展示品牌或产品的信息（Tutaj & Reijmersdal，2012）。

为了应对广告商大量的内容营销和品牌新闻倡议，原生广告的出版商正在创作和传播自己的内容，并采用混合技术，将编辑和推广内容交织在一起，以促进信息丰富的广告传播。原生广告需要量身定制，无缝融入平台，为广告商制作宣传信息，具有趣味性、相关性和吸引力（Matteo & Zotto，2015），而原生广告的量身定制方法需要遵循典型媒体的格式、风格和语调。

对比原生广告和展示广告，其在设计和内容呈现方面存在明显的区别。原生广告与编辑内容设计和谐一致，利用其环境背景，采用与出版商网站相符的格式、风格和技术特点（Matteo & Zotto，2015），甚至即使明

确标记为"赞助"，它也能够无缝融入网站的内容流中（Matteo & Zotto，2015）。与此不同，展示广告则明确提供与品牌相关的具体信息，通常通过引入明显的动画技术来展示多样的编辑内容（Tutaj & Reijmersdal，2012）。

此外，相比展示广告，原生广告往往被认为是个性化且引人入胜的，从而引发了与编辑内容相似的参与度。因此，原生广告对消费者在线体验的干扰较小（邱爱梅和陈铭焜，2018）。相反，展示广告呈现了与品牌相关的信息，常常被认为是不连贯的、冗长的和不受欢迎的。消费者对原生广告和展示广告之间的这些差异的认知可能会显著影响他们与广告的互动（Wojdynski & Evans，2016）。在某些情况下，原生广告和展示广告可能会在同一页面或应用程序中共同呈现（Jing Wen 等，2020）。此时，原生广告通过其与平台内容的一致性来减少干扰，与展示广告共同为用户提供信息。

因此，本节提出如下假设：

H1：在软文原生广告中，广告类型可以影响消费者态度和行为意向。

H1a：与展示广告相比，原生广告会提高消费者的广告态度；

H1b：与展示广告相比，原生广告会提高消费者的品牌态度；

H1c：与展示广告相比，原生广告会提高消费者的平台态度；

H1d：与展示广告相比，原生广告会提高消费者的购买意愿；

H1e：与展示广告相比，原生广告会提高消费者的分享意愿。

二、广告评价模式：单独评价与共同评价

评价模式是指在购买决策过程中，消费者采取的评价方式（孙瑾，2011）。它可以分为单独评价和共同评价两种模式。单独评价指消费者根据自身的经验和感受进行评价；共同评价指消费者参考他人的评价或与他人共同评价产品或服务（Hsee，1998，2006）。

认知心理学的研究揭示了在不同的评价模式下，消费者对事物进行评价时可能会得出完全不同甚至相反的结论（Hsee，1998，2006）。这些评价模式被分为共同评价和单独评价两种，前者是指同时向评价者展示多个被评价刺激物，而后者则是将这些刺激物独立地分别呈现给评价者。以三个被评价物 A、B、C 为例，单独评价即将它们分别呈现给不同的消费者进行评价，而共同评价则将它们同时展示给同一个消费者进行评价。

单独评价模式下，消费者主要依据个人经验、偏好和需求进行评价。他们可能通过自己的使用体验、产品功能和性能等因素来作出评价和决策。单独评价模式更加注重个体的主观认知和感受。共同评价模式下，消费者会参考他人的评价，包括朋友、家人、专家、网上评论等。共同评价可以为消费者提供更多的信息和参考，帮助他们做出更准确的购买决策。共同评价模式更加注重他人的意见和社会影响力。

Nowlis 和 Simonson（2006）研究指出，品牌和价格因素对单独评价和共同评价具有不同的影响。在单独评价中，价格因素对购买决策的权重较大，而在共同评价中，品牌因素的权重较大。Willemsen 和 Keren（2004）研究发现，在单独评价模式下，消极特性相对于共同评价模式更具影响力。

对于某些产品属性，消费者会根据不同评价模式下的不同信息的突出程度进行排序，从而得出在单独评价和共同评价下的不同结论（Hsee，2006）。此外，当消费者在单独评价模式下难以准确衡量时，这些属性的权重在单独评价情景下往往较小，而在共同评价模式下权重较大（Hsee 等，1999）。Markman 和 Medin（1995）进一步支持了这一观点，他们发现在共同评价模式下，可比较属性对消费者的决策产生较大的影响，说明在同时展示多个刺激物并进行评价时，消费者更倾向于将可比较属性作为决策的重要考量因素。

三、广告评价模式对消费者态度和行为意向的影响

在在线平台环境中，信息查询、资源共享和功能服务呈现出多样性。然而，随着消费者对展示广告有效性的信任降低，广告商正积极转向采用原生广告作为一种新的混合营销平台（Matteo & Zotto，2015）。为满足广告商的内容营销和品牌宣传需求，他们开始直接创造并传播自身的内容，将编辑内容与促销内容相融合，以制作信息丰富的广告。平台为了提升收益，往往选择同时采用原生广告和展示广告两种广告类型进行内容呈现，从而导致原生广告和展示广告在平台上的竞争空间增加（Campbell，Cohen & Junzhao，2014）。

认知心理学领域通常运用结构匹配模型来解释消费者在面对多个选择时的决策过程（孙瑾，2010）。消费者通过对比决策，发现不同竞争品牌之间存在许多共性和差异性（Gentner & Markman，1997）。这些差异性通

常分为可比不同点和不可比共同点两类。研究发现，对于市场后进者而言，如果他们在可比点上未能超越市场先进者，那么他们更难在消费者心中留下深刻的印象，并且往往得不到较高的评价（Zhang & Markman，1998）。广告商通过并列或分别展示两个品牌或产品选择，可以激发消费者进行对比的过程，从而引发对差异的评价。

此外，消费者在理解可比不同点时需要付出较少的认知努力，因此这些点在构建消费者的品牌态度、广告态度和行为过程中占据较大的权重。而当原生广告与展示广告相邻时，原生广告会与新闻网站形成对比或者与之产生一定的距离，因为相邻的展示广告可能会唤起消费者对其说服力意图的意识（Dahlén & Edenius，2007）。消费者可能会认为原生广告具备更高的说服力意图，而相对于展示广告，消费者可能对原生广告的说服力意图了解较少。此外，当原生广告与新闻网站的上下文更加融合时，消费者对展示广告的看法可能会发生变化。

在消费者浏览平台界面时，大脑会处理所获取的信息并对其进行评价。当平台同时展示原生广告和展示广告两种类型时，平台可以选择单独评价或共同评价。消费者在接受并处理这两种方式呈现的信息时，大脑会形成单独评价和共同评价。已有的研究显示，在不同的评价模式下，消费者的偏好可能会有所不同，甚至可能产生逆转（Hsee 等，1999）。而消费者的偏好差异又会直接影响其对广告的态度以及广告行为。

因此，本书提出如下假设：

H2：在软文原生广告中，广告评价模式可以影响消费者态度和行为意向。

H2a：与单独评价相比，共同评价会降低消费者的广告态度；

H2b：与单独评价相比，共同评价会降低消费者的品牌态度；

H2c：与单独评价相比，共同评价会降低消费者的平台态度；

H2d：与单独评价相比，共同评价会降低消费者的购买意愿；

H2e：与单独评价相比，共同评价会降低消费者的分享意愿。

四、赞助透明度的中介作用

赞助透明度（Sponsorship Transparency）是指消费者对广告中赞助关系的感知程度，其反映出消费者是否能准确识别广告内容与背后赞助商之间的联系（Campbell & Kirmani，2000）。赞助透明度概念衡量了消费者对广告中赞助元素的感知程度，这些赞助元素涵盖广告赞助商的明确度、品牌曝光的强度、传播行为是否被视为广告披露的方式，以及消费者认为传播试图欺骗他们的意图的程度（Wojdynski，Evans & Hoy，2018）。

赞助透明度的水平对消费者和品牌都有着重要的影响。消费者对赞助透明度的高度感知可以激发积极的广告评价（Eisend 等，2020）、品牌形象评价（Boerman，Willemsen & Van Der Aa，2017）以及积极的购买意愿（Boerman，Willemsen & Van Der Aa，2017）。然而，当消费者最初未能识别广告内容为赞助内容，而在后期阅读或处理中认识到其实为广告时，相较于一开始就正确识别的消费者，最初被广告格式或性质误导的消费者可能会引发更多的欺骗感（Darke & Ritchie，2007）、对赞助商的不信任（Held & Germelmann，2014）、消极的行为意图（Boerman，Willemsen & Van Der Aa，2017）等不利影响。

原生广告本身具有较强的形式欺骗属性，在广告位竞争激烈的背景下，当原生广告和展示广告共同呈现时，消费者处于共同评价模式下会增加对原生广告识别的可能性，但同时降低了原生广告的感知赞助透明度。即当消费者通过被动的方式识别广告的商业性质，认为广告商试图以原生形式欺骗进行商业宣传时，其可能改变自己的态度与行为意向。

因此，本书提出如下假设：

H3：在软文原生广告中，赞助透明度在广告评价模式影响消费者态度和行为意向的过程中起中介作用。

H3a：赞助透明度在广告评价模式影响广告态度的过程中起中介作用；

H3b：赞助透明度在广告评价模式影响品牌态度的过程中起中介作用；

H3c：赞助透明度在广告评价模式影响平台态度的过程中起中介作用；

H3d：赞助透明度在广告评价模式影响购买意愿的过程中起中介作用；

H3e：赞助透明度在广告评价模式影响分享意愿的过程中起中介作用。

五、感知欺骗的中介作用

感知欺骗（Perceived Deception）是指个体对其所接触的广告在产品或服务的实际性能方面试图误导他并损害其利益的评估。广告语境中，感知欺骗的核心要素包括消费者对广告中提供的披露信息的不满，以及对广告目的的误解。

感知欺骗可能对消费者态度和行为意向产生一系列影响。感知欺骗与广告态度之间存在负向关系（Kumkale，Albarracín & Seignourel，2010），当消费者感知广告存在欺骗性时，他们往往会对广告持更加消极的评价态度。这种消极评价不仅限于广告本身，还可能扩展到对广告商的不信任（Wojdynski & Evans，2016）以及对广告平台的不信任（Riffe 等，2019）。同时，感知欺骗还与购买意愿之间存在显著的负相关关系（Owen 等，2013；潘煜，张星和高丽，2010）。消费者在感知到广告存在欺骗性时，通常不太愿意购买广告中所推销的产品或服务。此外，感知欺骗显著影响消费者的分享意愿，即消费者可能不太可能愿意分享其存在欺骗性的广告内容（Wojdynski，Evans & Hoy，2018）。

在原生广告情景中，感知欺骗问题尤为突出。原生广告的微妙性在于其以与编辑内容相似的方式呈现，混淆消费者对信息来源的认知，即无法明确区分付费内容与编辑内容（Jung & Heo，2019）。尽管原生广告在吸引广告商的注意力方面表现出色（Harms，Bijmolt & Hoekstra，2017），但其隐蔽性引发了监管机构和公众的关注（Lee，Kim & Ham，2016；Wojdynski & Evans，2016）。在广告位置竞争的背景下，原生广告的隐蔽性问题变得更加复杂。当原生广告与传统展示广告共同呈现时，消费者可以通过对比识别出原生广告，这是一种被动的识别过程。这种被动的识别过程可能导致消费者更强烈的感知欺骗，因为他们认识到广告正在试图伪装成非广告内容。因此，原生广告的隐蔽性被打破，这可能会增加感知欺骗的程度。

感知欺骗的增加可能对广告生态系统产生多重负面影响。首先，它可能导致消费者对广告持更加消极的态度，降低了广告的效益。其次，它可能损害广告品牌的声誉，因为消费者可能会将广告中的欺骗性行为与广告品牌联系起来。此外，感知欺骗还可能对广告平台产生负面影响，因为平台需要维护用户的信任，而感知欺骗可能损害了用户对平台的信任度。最后，感知欺骗还可能降低消费者的购买意愿和分享意愿，以及影响广告的口碑传播效果。

因此，本书提出如下假设：

H4：在软文原生广告中，感知欺骗在广告评价模式影响消费者态度和行为意向的过程中起中介作用。

H4a：感知欺骗在广告评价模式影响广告态度的过程中起中介作用；

H4b：感知欺骗在广告评价模式影响品牌态度的过程中起中介作用；

H4c：感知欺骗在广告评价模式影响平台态度的过程中起中介作用；

H4d：感知欺骗在广告评价模式影响购买意愿的过程中起中介作用；

H4e：感知欺骗在广告评价模式影响分享意愿的过程中起中介作用。

六、说服知识水平的调节作用

说服知识水平（Persuasion Knowledge Level）是指个体对于市场策略中的说服尝试的理解程度，包括消费者对广告、销售和市场传播策略的知识水平以及其对应的应对策略（Friestad & Wright，1994）。说服知识水平反映了消费者在应对不同营销传播尝试时的自信程度，涉及他们对市场营销的理解和对广告背后意图的把握（Friestad & Wright，1994）。

在原生广告背景下，大部分研究主要关注消费者的态度和行为方面的影响。当消费者意识到广告的说服和销售意图时，他们的说服知识可能被激活，从而引发负面的态度和行为反应（Wojdynski & Evans，2016）。另外有观点认为，消费者发展的说服知识可以增加他们对说服信息处理的自信心。这与消费者对广告信息的辨别能力相关，具有相应说服知识的消费者更有信心发现和解释隐蔽信息（Jing Wen 等，2020）。

认知匹配理论认为，个体能够采用恰当的认知方式来处理接收到的信息，从而提高信息处理的效率（雷晶，袁勤俭和刘影，2018）。消费者的说服知识水平不同，他们也会对不同类型的信息产生不同的偏好。具有高水平说服知识的消费者更倾向于采纳事实性信息以评估产品质量，他们的思考和判断方式更趋向于理性；而具有低水平说服知识的消费者更倾向于采纳评价性信息来感知产品质量，他们的思考和判断方式更趋向于感性（Maheswaran & Sternthal，1990；Walker，Celsi & Olson，1987）。

原生广告的表现方式相对于展示广告更具有隐蔽性，而展示广告的信息呈现方式较为直接。根据认知匹配理论，当消费者的说服知识水平较低时，不同类型广告以及不同的信息呈现方式对于消费者信息处理和决策产生的影响程度较小。然而，当消费者的说服知识水平较高时，广告类型和信息呈现方式的不同将更显著地影响他们的信息处理和决策过程。

因此，本书提出如下假设：

H5：在原生广告中，说服知识水平对广告评价模式，影响消费者态度和行为意向起调节作用。

H5a：当消费者具有高说服知识水平时，处于单独评价模式的广告态度显著高于共同评价模式，当消费者具有低说服知识水平时，广告评价模式对广告态度的影响不显著；

H5b：当消费者具有高说服知识水平时，处于单独评价模式的品牌态度显著高于共同评价模式，当消费者具有低说服知识水平时，广告评价模式对品牌态度的影响不显著；

H5c：当消费者具有高说服知识水平时，处于单独评价模式的平台态度显著高于共同评价模式，当消费者具有低说服知识水平时，广告评价模式对平台态度的影响不显著；

H5d：当消费者具有高说服知识水平时，处于单独评价模式的购买意愿显著高于共同评价模式，当消费者具有低说服知识水平时，广告评价模式对购买意愿的影响不显著；

H5e：当消费者具有高说服知识水平时，处于单独评价模式的分享意愿显著高于共同评价模式，当消费者具有低说服知识水平时，广告评价模式对分享意愿的影响不显著。

第三节　研究设计

本研究主要检验广告类型（原生广告 vs. 展示广告）、评价模式（单独评价 vs. 共同评价）对消费者态度（广告态度、品牌态度和平台态度）和行为意向（购买意愿和分享意愿）的影响，赞助透明度和感知欺骗的中介作用，以及说服知识水平的调节作用。下面将通过两个实验检验概念模型和研究假设。本研究概念模型如图 5-1 所示。

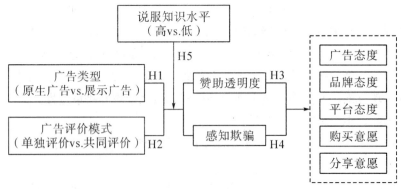

图 5-1　研究概念模型

第四节　实验一

实验一旨在考察广告类型的主效应（假设 1）、广告评价模式的主效应（假设 2）和赞助透明度以及感知欺骗的中介作用（假设 3 和假设 4）；采用 2（广告类型：原生广告 vs. 展示广告）×2（评价模式：单独评价 vs. 共同评价）的组间因素设计。

广告类型与评价模式通过实验操控实现，即原生广告单独呈现、展示广告单独呈现以及原生与展示广告共同呈现。在被试接受刺激过程中，除自变量根据实验目的进行操控外，刺激物的整体呈现方式均保持一致，以尽量避免无关变量的影响。

一、实验设计

1. 产品刺激物设计

先前研究表明，产品类型的不同可以引发消费者不同的心理反应，从而导致消费者的品牌态度和产品推荐意愿发生差异（Park 等，2018；朱翊敏和于洪彦，2015）。在消费者行为研究中，功能型产品和享乐型产品是相对常见的产品类型标准。前者主要以实用功能的形式出现，后者以体验式享受的形式出现（Mano & Oliver，1993）。同一个产品可以同时兼具功能和享乐价值，两类价值可能在某一维度相对较高（Batra & Ahtola，1991）。对此，张如慧、张红霞和雷静（2013）发现两类产品的信息处理存在显著差异，功能型产品需要投入相对更多的认知资源。孙瑾、陈静和毛晗舒（2019）证实功能型产品传达的产品属性和性能等信息可以降低消费者的感知风险，进而刺激消费者的正面情感和购买意愿。为确保研究的科学性和适用性，实验刺激物的设计需要控制产品类型对消费者的影响。因此，本研究展开前测，前测的主要目的包括选择合适的实验产品、设计实验材料和选择实验情景。

首先，在考虑受试者群体的身份特征、消费水平以及对产品使用情况的基础上，本研究结合对 13 位硕士与本科学生的深度访谈结果，选取生活中一些常见的物品作为备选的实验刺激材料。物品包括电动牙刷、巧克力、保温杯、洗发水、速溶咖啡、蓝牙耳机、中性笔和纯牛奶。接下来，本研究通过对 38 名本科学生进行前测调查，采用语义差异七分量表来评估每种材料的享乐属性和功能属性（其中，"1"代表纯功能型，"7"代表纯享乐型）。最终，本研究选择享乐价值和功能价值大体相当的产品作为实验刺激材料。

在前测问卷发放之前，本研究向被试说明了功能型和享乐型产品的含义，并解释了同一种产品可能同时具有功能型和享乐型价值，只是偏向可能会有所不同。然后，本研究要求被试对不同产品的类型进行判断，并最终收回了 38 份有效问卷。分析结果表明，不同产品的功能型倾向程度从低到高依次为中性笔（M = 2.47，SD = 1.78）、保温杯（M = 2.50，SD = 1.54）、洗发水（M = 2.53，SD = 1.82）、电动牙刷（M = 3.03，SD = 1.65）、纯牛奶（M = 3.29，SD = 1.78）、速溶咖啡（M = 3.35，SD = 1.68）、巧克力（M = 5.32，SD = 1.46）、蓝牙耳机（M = 5.61，SD = 1.48）。在比较享乐价值和功能价值的表现程度后，实验一选择兼具功能性和享乐性的"速溶咖啡"作为实验产品。同时，为避免品牌熟悉度对实验结果的潜在干扰，本研究选择知名度表现一般的产品品牌。

2. 实验情景设计

为提高实验情景的还原性，实验材料的内容设计参考社区产品内容和推荐信息（如知乎、小红书等），根据实验需要进行内容整合。本研究选择 10 位硕士与本科学生进行深度访谈，并根据访谈结果进行实验材料调整，最终确定知识分享社区"小红书"作为软文原生广告的发布情景。

"小红书"拥有社交媒体的真实性和互动性特征。小红书可以单独和同时呈现原生广告和展示广告。本研究的刺激物和背景素材均从"小红书"上发表的真实的原生广告和展示广告发展而来。同时，为确保广告内容贴近真实生活情景，本研究从社交平台"小红书"搜索"速溶咖啡"用户评论与推荐信息，进行初步筛选并修改。

鉴于原生广告和展示广告存在不同表达形式，本研究模拟真实情境，按照小红书的表现形式进行设计。在保证广告主题内容不变（推荐的产品和品牌）的情况下，原生广告融入周围的编辑内容展示，而展示广告是以图片形式展示。单独评价则是单独评价一则原生广告或展示广告，而共同评价则是共同评价一则原生广告与展示广告。

3. 量表设计

本研究问卷使用广告态度、品牌态度、购买意愿、赞助透明度、品牌熟悉度和感知内容质量等成熟变量。实验用量表都是经过信度和效度检验的成熟量表，主要用于测量广告态度、品牌态度、购买意愿、赞助透明度、品牌熟悉度以及感知内容质量等因素。这些量表中，被试根据其个人看法，使用七级量表进行评价，其中"1"表示"非常不赞同"，"7"表示"非常赞同"。

其中，广告态度的测量参考了 Madden，Allen 和 Twible（1988）的量表，使用 5 个测项评估被试的广告态度。品牌态度的测量借鉴了 Shimp，Stuart 和 Engle（1991）的量表，使用 3 个测项评估被试的品牌态度。购买意愿的测量参考了 Spears 和 Singh（2004）的量表，使用 3 个测项评估被试的购买意愿。分享意愿的测量参考了 Wojdynski 和 Evans（2016）的量表，使用 1 个测项评估被试对广告内容的分享意愿。赞助透明度的测量则借鉴了 Evans 和 Hoy（2016）量表，使用 5 个测项评估被试对透明度程度的感知。感知欺骗的测量则借鉴了 Chaouachi 和 Rached（2012）量表，使用 3 个测项评估被试的欺骗感知。感知内容质量的测量参考了 Wojdynski 和 Evans（2016）的量表，使用 3 个测项评估被试对原生广告内容质量的感知。品牌熟悉度的测量参考了 Campbell 和 Evans（2018）的量表，使用 3 个测项评估被试对产品品牌的熟悉程度。问卷的最后部分要求被试完善个人相关的统计信息，包括样本分布情况和对原生广告的知晓情况，这将有助于更好地理解研究的背景和特征（量表设计见附录D）。

二、实验程序

本研究共招募 110 名被试，均为合肥市某综合性高校的师生。其中，有 3 份问卷因为填写遗漏或错误，以及连续 15 题选项完全相同，被认定为无效，最终 107 名被试的数据参与统计，其中，男性 65 名，女性 42 名。样本人口统计特征描述见表 5-1。

为确保研究的科学性，以及避免被试猜测实验的真正目的，被试被告知这项研究旨在探讨网络购物环境下的消费者行为。之后，被试被要求阅读一个情景材料，其中描述："某天当您打开'小红书'，搜索适合年轻人的'速溶咖啡'相关推荐问题，随后出现一则用户的分享信息，浏览到以下内容……请根据您当下感受，对下列问题打分"。

实验设计参考 Campbell 和 Evans（2018）的研究，并根据需要进行相应的调整。首先，被试分别随机分配到三组软文原生广告页面中：实验组

A（单独评价组的原生广告）、实验组 B（单独评价组的展示广告）和实验组 C（共同评价组的原生广告和展示广告）。在接触到刺激物后，其中一组被试要求回答单独评价组的原生广告问题，一组被试要求回答共同评价组的展示广告问题，最后一组回答共同评价组的原生广告问题。三组软文原生广告页面中，页面的内容、整体外观保持一致。

在单独评价的实验组中，展示广告和原生广告分别展示，展示广告配图雀巢速溶咖啡，配图标题"瑞士原装进口雀巢速溶咖啡"；原生广告配图标题为"黑速溶咖啡分享（减脂水肿星人必备）"。共同评价的实验组中，两种类型的广告共同评价。问卷中都提到了产品的品牌名称，以确保被试能正确评估广告（实验刺激物见附录 A）。

表 5-1 样本人口统计特征描述

类别	题项	频数	百分比/%
性别	男	65	60.75
	女	42	39.25
年龄	18 岁及以下	15	14.02
	19~25 岁	84	78.50
	26~30 岁	7	6.54
	30 岁以上	1	0.93
月可支配收入	1 000 元以下	9	8.41
	1 001~3 000 元	87	81.31
	3 001~5 000 元	10	9.35
	5 001~10 000 元	1	0.93
原生广告知晓度	是	64	59.81
	否	43	40.19

三、实验结果

1. 实验操控检验

为避免软文原生广告内容质量和产品刺激物的品牌熟悉度对实验结果产生干扰，本研究检验不同实验组软文原生广告感知内容质量和品牌熟悉度的差异，以保证实验控制的有效性。

单变量方差（ANOVA）分析表明，单独原生、共同原生和单独评价的三组原生广告的感知内容质量 $[M_{单独原生} = 3.87，SD_{单独原生} = 1.127；M_{共同原生} = 3.83，SD_{共同原生} = 1.271；M_{单独评价} = 3.47，SD_{单独评价} = 1.581；F(2，104) = 0.965；p = 0.384]$ 和品牌熟悉度 $(M_{单独原生} = 3.81，SD_{单独原生} = 1.195；M_{共同原生} = 3.68，SD_{共同原生} = 0.994；M_{单独评价} = 3.33，SD_{单独评价} = 1.801；F(2，104) = 1.162；p = 0.317]$ 无显著差异，说明三组软文原生广告的感知内容质量和品牌熟悉度对实验结果不会产生显著性干扰，表明研究设计中情景实验材料操控成功（见表5-2）。

表5-2　实验操控检验

因变量	分组变量	选项	M	SD	F	p
感知内容质量	情景	单独原生	3.87	1.127	0.965	0.384
		共同原生	3.83	1.271		
		单独评价	3.47	1.581		
品牌熟悉度		单独原生	3.81	1.195	1.162	0.317
		共同原生	3.68	0.994		
		单独评价	3.33	1.801		

2. 假设检验

（1）广告类型对消费者态度和行为意向的影响

①广告类型对广告态度的影响。

为检验广告类型对广告态度的影响，本研究以广告类型（原生广告 vs. 展示广告）为自变量，以广告态度为因变量，进行单变量方差分析。分析结果显示，两组软文原生广告中的消费者广告态度存在显著差异 $[M_{单独原生} = 4.53，SD_{单独原生} = 1.033；M_{单独评价} = 2.43，SD_{单独评价} = 0.716；F(1，69) = 99.891；p<0.001]$。以上结果表明，原生广告和展示广告两组广告的广告态度存在显著差异，假设H1a得到支持。

②广告类型对品牌态度的影响。

为检验广告类型对品牌态度的影响，本研究以广告类型（原生广告 vs. 展示广告）为自变量，以品牌态度为因变量，进行单变量方差分析。分析结果显示，两组软文原生广告中的消费者品牌态度存在显著差异 $[M_{单独原生} = 4.98，SD_{单独原生} = 1.252；M_{单独评价} = 2.25，SD_{单独评价} = 0.913；F(1，69)$

= 110.677；p<0.001]。以上结果表明，原生广告和展示广告两组广告的品牌态度存在显著差异，假设 H1b 得到支持。

③广告类型对平台态度的影响。

为检验广告类型对平台态度的影响，本研究以广告类型（原生广告 vs. 展示广告）为自变量，以平台态度为因变量，进行单变量方差分析。分析结果显示，两组软文原生广告中的消费者平台态度存在显著差异 [$M_{单独原生}$ = 4.73，$SD_{单独原生}$ = 0.828；$M_{单独评价}$ = 2.53，$SD_{单独评价}$ = 0.878；$F_{(1, 69)}$ = 118.513；p<0.001]。以上结果表明，原生广告和展示广告两组广告的平台态度存在显著差异，假设 H1c 得到支持。

④广告类型对购买意愿的影响。

为检验广告类型对购买意愿的影响，本研究以广告类型（原生广告 vs. 展示广告）为自变量，以购买意愿为因变量，进行单变量方差分析。分析结果显示，两组软文原生广告的消费者购买意愿存在显著差异 [$M_{单独原生}$ = 4.59，$SD_{单独原生}$ = 1.136；$M_{单独评价}$ = 2.60，$SD_{单独评价}$ = 0.662；$F_{(1, 69)}$ = 81.690；p<0.001]。以上结果表明，原生广告和展示广告两组广告的购买意愿无显著差异，假设 H1d 未得到支持。

⑤广告类型对分享意愿的影响。

为检验广告类型对分享意愿的影响，本研究以广告类型（原生广告 vs. 展示广告）为自变量，以分享意愿为因变量，进行单变量方差分析。分析结果显示，两组软文原生广告的消费者分享意愿存在显著差异 [$M_{单独原生}$ = 4.31，$SD_{单独原生}$ = 0.832；$M_{单独评价}$ = 2.61，$SD_{单独评价}$ = 1.128；$F_{(1, 69)}$ = 52.161；p<0.001]。以上结果表明，原生广告和展示广告两组广告的分享意愿无显著差异，假设 H1e 未得到支持（见表5-3）。

表 5-3　广告类型对消费者态度和行为意向的影响

因变量	分组变量	选项	M	SD	F	p
广告态度		单独原生	4.53	1.033	99.891	0.000
		单独评价	2.43	0.716		
品牌态度		单独原生	4.98	1.252	110.677	0.000
		单独评价	2.25	0.913		
平台态度	广告类型	单独原生	4.73	0.828	118.513	0.000
		单独评价	2.53	0.878		
购买意愿		单独原生	4.59	1.136	81.690	0.000
		单独评价	2.60	0.662		
分享意愿		单独原生	4.31	0.832	52.161	0.000
		单独评价	2.61	1.128		

（2）广告评价模式对消费者态度和行为意向的影响

①广告评价模式对广告态度的影响。

为检验广告评价模式（单独原生 vs. 共同原生）对广告态度的影响，本研究以广告评价模式（单独原生 vs. 共同原生）为自变量，以广告态度为因变量，进行单变量方差分析。分析结果显示，两组软文原生广告中的消费者广告态度存在显著差异 [$M_{单独原生}$ = 4.53，$SD_{单独原生}$ = 1.033；$M_{共同原生}$ = 3.93，$SD_{共同原生}$ = 0.716；$F(1, 69)$ = 8.076；$p < 0.01$]。以上结果表明，单独原生与共同原生两组广告刺激物的广告态度存在显著差异，假设 H2a 得到支持。

②广告评价模式对品牌态度的影响。

为检验广告评价模式（单独原生 vs. 共同原生）对品牌态度的影响，本研究以广告评价模式（单独原生 vs. 共同原生）为自变量，以品牌态度为因变量，进行单变量方差分析。分析结果显示，两组软文原生广告中的消费者品牌态度存在显著差异 [$M_{单独原生}$ = 4.98，$SD_{单独原生}$ = 1.252；$M_{共同原生}$ = 3.98，$SD_{共同原生}$ = 0.865；$F(1, 69)$ = 15.380；$p < 0.001$]。以上结果表明，单独原生与共同原生两组广告刺激物的品牌态度存在显著差异，假设 H2b 得到支持。

③广告评价模式对平台态度的影响。

为检验广告评价模式（单独原生 vs. 共同原生）对平台态度的影响，本研究以广告评价模式（单独原生 vs. 共同原生）为自变量，以平台态度为因变量，进行单变量方差分析。分析结果显示，两组软文原生广告中的消费者平台态度存在显著差异 [$M_{单独原生}$ = 4.73，$SD_{单独原生}$ = 0.828；$M_{共同原生}$ = 4.02，$SD_{共同原生}$ = 0.721；$F(1, 69)$ = 15.077；$p<0.001$]。以上结果表明，单独原生与共同原生两组广告刺激物的平台态度存在显著差异，假设 H2c 得到支持。

④广告评价模式对购买意愿的影响。

为检验广告评价模式（单独原生 vs. 共同原生）对购买意愿的影响，本研究以广告评价模式（单独原生 vs. 共同原生）为自变量，以购买意愿为因变量，进行单变量方差分析。分析结果显示，两组软文原生广告的消费者购买意愿存在显著差异 [$M_{单独原生}$ = 4.59，$SD_{单独原生}$ = 1.136；$M_{共同原生}$ = 4.06，$SD_{共同原生}$ = 0.617；$F(1, 69)$ = 5.950；$p<0.05$]。以上结果表明，单独原生与共同原生两组广告刺激物的购买意愿存在显著差异，假设 H2d 得到支持。

⑤广告评价模式对分享意愿的影响。

为检验广告评价模式（单独原生 vs. 共同原生）对分享意愿的影响，本研究以广告评价模式（单独原生 vs. 共同原生）为自变量，以分享意愿为因变量，进行单变量方差分析。分析结果显示，两组软文原生广告的消费者分享意愿存在显著差异 [$M_{单独原生}$ = 4.31，$SD_{单独原生}$ = 0.832；$M_{共同原生}$ = 3.44，$SD_{共同原生}$ = 0.809；$F(1, 69)$ = 19.954；$p<0.001$]。以上结果表明，单独原生与共同原生两组广告刺激物的分享意愿存在显著差异，假设 H2e 得到支持（见表5-4）。

表 5-4　广告评价模式对消费者态度和行为意向的影响

因变量	分组变量	选项	M	SD	F	p
广告态度	广告评价模式	单独原生	4.53	1.033	8.076	0.006
		共同原生	3.93	0.716		
品牌态度		单独原生	4.98	1.252	15.380	0.000
		共同原生	3.98	0.865		
平台态度		单独原生	4.73	0.828	15.077	0.000
		共同原生	4.02	0.721		
购买意愿		单独原生	4.59	1.136	5.950	0.017
		共同原生	4.06	0.617		
分享意愿		单独原生	4.31	0.832	19.954	0.000
		共同原生	3.44	0.809		

（3）赞助透明度的中介作用

为进一步检验赞助透明度对广告评价模式影响广告态度、品牌态度、平台态度，以及购买意愿和分享意愿过程的中介作用，本研究参照 Hayes（2004）提出的 Bootstrap 方法，使用中介效应 PROCESS 3.5 分析程序进行中介效应检验，在 5 000 样本量，水平选择为 4，以及 95% 置信区间情况下：

①赞助透明度对广告评价模式影响广告态度的中介检验结果不包含 0（LLCI = −0.756，ULCI = −0.146），且中介效应大小为−0.426；控制中介变量后，广告评价模式对广告态度的影响显著，区间（LLCI = −0.532，ULCI = 0.187）包含 0，因此，赞助透明度在广告评价模式影响广告态度的过程中发挥了中介作用，且为不完全中介变量，假设 H3a 得到支持。

②赞助透明度对广告评价模式影响品牌态度的中介检验结果不包含 0（LLCI = −0.755，ULCI = −0.144），且中介效应大小为−0.414；控制中介变量后，广告评价模式对品牌态度的影响显著，区间（LLCI = −1.066，ULCI = −0.106）不包含 0，因此，赞助透明度在广告评价模式影响品牌态度的过程中发挥了中介作用，且为不完全中介变量，假设 H3b 得到支持。

③赞助透明度对广告评价模式影响平台态度的中介检验结果不包含 0（LLCI = −0.539，ULCI = −0.091），且中介效应大小为−0.291；控制中介

变量后，广告评价模式对平台态度的影响显著，区间（LLCI = -0.774，ULCI = -0.075）不包含0，因此，赞助透明度在广告评价模式影响平台态度的过程中发挥了中介作用，且为不完全中介变量，假设 H3c 得到支持。

④赞助透明度对广告评价模式影响购买意愿的中介检验结果不包含0（LLCI = -0.766，ULCI = -0.173），且中介效应大小为-0.452；控制中介变量后，广告评价模式对购买意愿的影响显著，区间（LLCI = -0.437，ULCI = 0.287）包含0，因此，赞助透明度在广告评价模式影响购买意愿影响过程中发挥了中介作用，且为完全中介变量，假设 H3d 得到支持。

⑤赞助透明度对广告评价模式影响分享意愿的中介检验结果不包含0（LLCI = -0.369，ULCI = 0.066），且中介效应大小为-0.124，假设 H3e 未得到支持。

（4）感知欺骗的中介作用

为进一步检验感知欺骗对广告评价模式影响广告态度、品牌态度、平台态度，以及购买意愿和分享意愿过程的中介作用，本研究参照 Hayes（2004）提出的 Bootstrap 方法，使用中介效应 PROCESS 3.5 分析程序进行中介效应检验，在 5 000 样本量，水平选择为 4，以及 95% 置信区间情况下：

①感知欺骗对广告评价模式影响广告态度的中介检验结果不包含0（LLCI = -0.761，ULCI = -0.090），且中介效应大小为-0.424；控制中介变量后，广告评价模式对广告态度的影响显著，区间（LLCI = -0.441，ULCI = 0.092）包含0，因此，感知欺骗在广告评价模式影响广告态度的过程中发挥了中介作用，且为完全中介变量，假设 H4a 得到支持。

②感知欺骗对广告评价模式影响品牌态度的中介检验结果不包含0（LLCI = -0.722，ULCI = -0.075），且中介效应大小为-0.369；控制中介变量后，广告评价模式对品牌态度的影响显著，区间（LLCI = -1.069，ULCI = -0.192）不包含0，因此，感知欺骗在广告评价模式影响品牌态度的过程中发挥了中介作用，且为不完全中介变量，假设 H4b 得到支持。

③感知欺骗对广告评价模式影响平台态度的中介检验结果不包含0（LLCI = -0.514，ULCI = -0.066），且中介效应大小为-0.290；控制中介变量后，广告评价模式对平台态度的影响显著，区间（LLCI = -0.727，ULCI = -0.123）不包含0，因此，感知欺骗在广告评价模式影响平台态度的过程中发挥了中介作用，且为不完全中介变量，假设 H4c 得到支持。

④感知欺骗对广告评价模式影响购买意愿的中介检验结果不包含 0（LLCI = -0.638，ULCI = -0.083），且中介效应大小为-0.373；控制中介变量后，广告评价模式对购买意愿的影响显著，区间（LLCI = -0.486，ULCI = 0.177）包含 0，因此，感知欺骗在广告评价模式影响购买意愿影响过程中发挥了中介作用，且为完全中介变量，假设 H4d 得到支持。

⑤感知欺骗对广告评价模式影响分享意愿的中介检验结果不包含 0（LLCI = -0.218，ULCI = 0.125），且中介效应大小为-0.021，假设 H4e未得到支持。

四、实验结论

实验一检验结果表明，原生广告评价模式类型，即单独评价的原生广告组、单独评价的展示广告组和共同评价的原生广告组的三组情景对消费者态度和行为意向产生影响，具体表现在，单独评价的原生广告比单独评价的展示广告更能促进消费者产生积极的广告态度、品牌态度、平台态度，以及购买意愿和分享意愿，假设 H1 得到支持；同时，单独评价的原生广告比共同评价的原生广告更能促使消费者产生广告态度、品牌态度、平台态度，以及购买意愿和分享意愿，假设 H2 得到支持。

同时，赞助透明度在原生广告的评价模式对消费者态度和行为意向的影响中起中介作用，显著影响消费者的广告态度、品牌态度、平台态度，以及购买意愿，假设 H3 得到部分支持。感知欺骗在原生广告的评价模式对消费者态度和行为意向的影响中起中介作用，显著影响着消费者的广告态度、品牌态度、平台态度，以及购买意愿，假设 H4 得到部分支持。

然而，研究一在产品刺激物设计上存在部分不足，虽然通过前测选择功能价值与享乐价值相当的"速溶咖啡"设计刺激物，但速溶咖啡产品稍侧重于享乐价值，不能排除其对消费者态度和行为意向的影响，后续实验将弥补此不足，选择更加偏向于功能价值的产品作为产品刺激物。此外，消费者在浏览和阅读软文原生广告过程中，广告评价模式对消费者态度和行为意向的影响可能受到消费者拥有的说服知识的影响，实验二将检验说服知识的调节作用。

第五节 实验二

实验二旨在考察广告评价模式的主效应（假设2）和赞助透明度和感知欺骗的中介作用（假设3和假设4），以及说服知识的调节作用（假设5），采用2（评价模式：单独评价与共同评价）×2（说服知识：高 vs. 低）的组间因素设计。

广告类型与评价模式通过实验操控实现，即原生广告单独呈现和原生与展示广告共同呈现。此外，说服知识水平是需要测量而非被操控的。在被试接受刺激过程中，除自变量根据实验目的进行操控外，刺激物的整体呈现方式均保持一致，以尽量避免无关变量的影响。

一、实验设计

1. 产品刺激物设计

根据实验一前测结果，速溶咖啡产品稍侧重于享乐价值，为确保研究结论的稳健性，实验二选择偏功能属性的"洗发水"作为产品刺激物。对于现在的年轻大学生群体而言，洗发水是一种常见的生活用品，其广告在消费者中具有一定的代表性。因此，我们可以很好地控制实验条件，以便观察广告评价模式的主效应、赞助透明度和感知欺骗的中介作用，以及说服知识的调节作用。同时，为避免品牌熟悉度变量的干扰，此次实验选取知名度较低的产品品牌。

2. 实验情景设计

实验二的情景设计旨在与现实中原生广告浏览情景保持一致，以便更好地探究原生广告的单独评价和共同评价在"小红书"社交平台上的效应。实验二与实验一的模拟情景相似，同样使用"小红书"作为测试广告媒介。小红书上可以单独和共同呈现原生广告。本研究的刺激物和背景素材均从"小红书"上发表的真实的原生广告中发展而来。

为了确保广告内容与真实情景相符，实验二结合"小红书"平台的热搜主题，通过搜索小红书上关于"洗发水"的用户评论和推荐信息，进行初步筛选和修改以满足研究需要，并依据参考文献和实际情况，按照小红书的内容排版方式进行广告设计。

3. 量表设计

实验二量表与实验一量表一致，实验用量表均是经过信度和效度检验的成熟量表，主要用于测量广告态度、品牌态度、平台态度、购买意愿、分享意愿、赞助透明度、感知欺骗以及感知内容质量与品牌熟悉度等因素。问卷的最后部分要求被试完善个人相关的统计信息，包括样本分布情况和对原生广告的知晓情况，这将有助于更好地理解研究的背景和特征。由于说服知识是消费者应对说服尝试而发展形成的知识（Friestad & Wright，1994），变量操控难度相对较大，故而参考 Bearden，Hardesty 和 Rose（2001）的说服知识水平量表，并根据中文语境翻译成更贴切的量表题项，以充分合理地验证假设。

二、实验程序

实验二的操作程序与实验一保持一致，实验二共招募 90 名被试者，均为合肥市某综合性高校的师生。其中，有 4 份问卷因为填写遗漏或错误，以及连续 15 题选项完全相同，被认定为无效，最终 86 名被试的数据参与统计，其中，男性 42 名，女性 44 名。样本人口统计特征描述见表 5-5。

同时，为避免被试猜测实验的真正目的，被试被告知这项研究旨在探讨网络购物环境下的消费者行为。之后，被试被要求阅读一个情景材料，其中描述："某天当您打开'小红书'，搜索适合年轻人的'洗发水'相关推荐问题，随后出现一则用户的分享信息，浏览到以下内容……请根据您当下感受，对下列问题打分"。

根据研究设计，86 名被试分为两组，并分别随机分配到两组软文原生广告页面中：实验组 A（单独评价组的原生广告）和实验组 B（共同评价组的原生广告和展示广告），在两组软文原生广告页面中，页面的内容、整体外观保持基本一致。展示广告配图海洋主义洗发水，配图标题"海洋主义·白茶洗发"；原生广告配图与展示广告一致，配图标题为"这一套好香呀... #scus 海洋主义旗舰店#61..."。问卷中都提到了产品的品牌名称，以确保被试能正确评估广告（实验刺激物见附录 A）。

表 5-5　样本人口统计特征描述

类别	题项	频数	百分比/%
性别	男	42	48.84
	女	44	51.16
年龄	18 岁及以下	34	39.53
	19～25 岁	35	40.70
	26～30 岁	16	18.60
	30 岁以上	1	1.16
月可支配收入	1 000 元以下	13	15.12
	1 001～3 000 元	38	44.19
	3 001～5 000 元	22	25.58
	5 001～10 000 元	10	11.63
	10 000 元以上	3	3.49
原生广告知晓度	是	48	55.81
	否	38	44.19

三、实验结果

1. 实验操控检验

为避免软文原生广告内容质量和产品刺激物的品牌熟悉度对实验结果产生干扰，本研究检验不同实验组软文原生广告感知内容质量和品牌熟悉度的差异，以保证实验控制的有效性。

单变量方差（ANOVA）分析表明，单独原生、单独评价和共同原生的三组原生广告的感知内容质量［$M_{单独原生} = 4.21$，$SD_{单独原生} = 1.344$；$M_{共同原生} = 3.90$，$SD_{共同原生} = 1.129$；$F(1, 81) = 1.404$；$p = 0.239$）和品牌熟悉度（$M_{单独原生} = 3.82$，$SD_{单独原生} = 1.880$；$M_{共同原生} = 3.64$，$SD_{共同原生} = 1.713$；$F(1, 81) = 0.228$；$p = 0.634$］无显著差异，说明两组软文原生广告的感知内容质量和品牌熟悉度对实验结果不会产生显著性干扰，表明研究设计中情景实验材料操控成功（见表 5-6）。

表 5-6 实验操控检验

因变量	分组变量	选项	M	SD	F	p
感知内容质量	广告评价模式	单独原生	4.21	1.344	1.404	0.239
		共同原生	3.90	1.129		
品牌熟悉度		单独原生	3.82	1.880	0.228	0.634
		共同原生	3.64	1.713		

2. 假设检验

（1）广告评价模式对消费者态度和行为意向的影响

①广告评价模式对广告态度的影响。

为检验广告评价模式对广告态度的影响，本研究以广告评价模式（单独评价 vs. 共同评价）为自变量，以广告态度为因变量，进行单变量方差分析。分析结果显示，两组软文原生广告中的消费者广告态度存在显著差异 $[M_{有披露} = 4.62，SD_{有披露} = 1.886；M_{共同原生} = 3.19，SD_{共同原生} = 1.088；F(1, 81) = 18.832；p<0.001]$。以上结果表明，单独评价和共同评价的两组软文原生广告的广告态度存在显著差异，假设 H2a 得到支持。

②广告评价模式对品牌态度的影响。

为检验广告评价模式对品牌态度的影响，本研究以广告评价模式（单独评价 vs. 共同评价）为自变量，以品牌态度为因变量，进行单变量方差分析。分析结果显示，两组软文原生广告中的消费者品牌态度存在显著差异 $[M_{有披露} = 4.65，SD_{有披露} = 1.913；M_{共同原生} = 3.42，SD_{共同原生} = 1.115；F(1, 81) = 13.350；p<0.001]$。以上结果表明，单独评价和共同评价的两组软文原生广告的品牌态度存在显著差异，假设 H2b 得到支持。

③广告评价模式对平台态度的影响。

为检验广告评价模式对平台态度的影响，本研究以广告评价模式（单独评价 vs. 共同评价）为自变量，以平台态度为因变量，进行单变量方差分析。分析结果显示，两组软文原生广告中的消费者平台态度存在显著差异 $[M_{有披露} = 4.59，SD_{有披露} = 1.300；M_{共同原生} = 3.38，SD_{共同原生} = 1.092；F(1, 81) = 21.871；p<0.001]$。以上结果表明，单独评价和共同评价的两组软文原生广告的平台态度存在显著差异，假设 H2c 得到支持。

④广告评价模式对购买意愿的影响。

为检验广告评价模式对购买意愿的影响，本研究以广告评价模式（单独评价 vs. 共同评价）为自变量，以购买意愿为因变量，进行单变量方差分析。分析结果显示，两组软文原生广告的消费者购买意愿存在显著差异 [$M_{单独原生}$ = 4.51，$SD_{单独原生}$ = 1.794；$M_{共同原生}$ = 3.50，$SD_{共同原生}$ = 1.220；F（1，81）= 9.471；$p<0.01$]。以上结果表明，单独评价和共同评价的两组软文原生广告的购买意愿无显著差异，假设 H2d 未得到支持。

⑤广告评价模式对分享意愿的影响。

为检验广告评价模式对分享意愿的影响，本研究以广告评价模式（单独评价 vs. 共同评价）为自变量，以分享意愿为因变量，进行单变量方差分析。分析结果显示，两组软文原生广告的消费者分享意愿存在显著差异 [$M_{单独原生}$ = 4.33，$SD_{单独原生}$ = 1.663；$M_{共同原生}$ = 3.48，$SD_{共同原生}$ = 1.067；F（1，81）= 52.161；$p<0.01$]。以上结果表明，单独评价和共同评价的两组软文原生广告的分享意愿无显著差异，假设 H2e 未得到支持（见表 5-7）。

表 5-7　广告评价模式对消费者态度和行为意向的影响

因变量	分组变量	选项	M	SD	F	p
广告态度	广告评价模式	单独原生	4.62	1.886	18.832	0.000
		共同原生	3.19	1.088		
品牌态度		单独原生	4.65	1.913	13.350	0.000
		共同原生	3.42	1.115		
平台态度		单独原生	4.59	1.300	21.871	0.000
		共同原生	3.38	1.092		
购买意愿		单独原生	4.51	1.794	9.471	0.003
		共同原生	3.50	1.220		
分享意愿		单独原生	4.33	1.663	8.150	0.005
		共同原生	3.48	1.067		

（2）赞助透明度的中介作用

为进一步检验赞助透明度对广告评价模式影响广告态度、品牌态度、平台态度，以及购买意愿和分享意愿过程的中介作用，本研究参照 Hayes（2004）提出的 Bootstrap 方法，使用中介效应 PROCESS 3.5 分析程序进行中介效应检验，在 5 000 样本量，水平选择为 4，以及 95%置信区间情况下：

①赞助透明度对广告评价模式影响广告态度的中介检验结果不包含 0（LLCI = -0.503，ULCI = -0.042），且中介效应大小为 -0.273；控制中介变量后，广告评价模式对广告态度的影响显著，区间（LLCI = -0.686，ULCI = -0.201）不包含 0，因此，赞助透明度在广告评价模式影响广告态度的过程中发挥了中介作用，且为不完全中介变量，假设 H3a 得到支持。

②赞助透明度对广告评价模式影响品牌态度的中介检验结果不包含 0（LLCI = -0.490，ULCI = -0.043），且中介效应大小为 -0.263；控制中介变量后，广告评价模式对品牌态度的影响显著，区间（LLCI = -0.610，ULCI = -0.092）不包含 0，因此，赞助透明度在广告评价模式影响品牌态度的过程中发挥了中介作用，且为不完全中介变量，假设 H3b 得到支持。

③赞助透明度对广告评价模式影响平台态度的中介检验结果不包含 0（LLCI = -0.480，ULCI = -0.048），且中介效应大小为 -0.262；控制中介变量后，广告评价模式对品牌态度的影响显著，区间（LLCI = -0.610，ULCI = -0.092）不包含 0，因此，赞助透明度在广告评价模式影响品牌态度的过程中发挥了中介作用，且为不完全中介变量，假设 H3c 得到支持。

④赞助透明度对广告评价模式影响购买意愿的中介检验结果不包含 0（LLCI = -0.535，ULCI = -0.054），且中介效应大小为 -0.286；控制中介变量后，广告评价模式对购买意愿的影响显著，区间（LLCI = -0.452，ULCI = 0.009）包含 0，因此，赞助透明度在广告评价模式影响购买意愿影响过程中发挥了中介作用，且为完全中介变量，假设 H3d 得到支持。

⑤赞助透明度对广告评价模式影响分享意愿的中介检验结果不包含 0（LLCI = -0.487，ULCI = -0.043），且中介效应大小为 -0.259；控制中介变量后，广告评价模式对分享意愿的影响显著，区间（LLCI = -0.325，ULCI = 0.106）包含 0，因此，赞助透明度在广告评价模式影响分享意愿影响过程中发挥了中介作用，且为完全中介变量，假设 H3e 得到支持。

（3）感知欺骗的中介作用

为进一步检验感知欺骗对广告评价模式影响广告态度、品牌态度、平台态度，以及购买意愿和分享意愿过程的中介作用，本研究参照 Hayes（2004）提出的 Bootstrap 方法，使用中介效应 PROCESS 3.5 分析程序进行中介效应检验，在 5 000 样本量，水平选择为 4，以及 95% 置信区间情况下：

①感知欺骗对广告评价模式影响广告态度的中介检验结果不包含 0

（LLCI = -0.740，ULCI = -0.222），且中介效应大小为-0.462；控制中介变量后，广告评价模式对广告态度的影响显著，区间（LLCI = -0.535，ULCI = 0.026）包含0，因此，感知欺骗在广告评价模式影响广告态度的过程中发挥了中介作用，且为完全中介变量，假设H4a得到支持。

②感知欺骗对广告评价模式影响品牌态度的中介检验结果不包含0（LLCI = -0.752，ULCI = -0.268），且中介效应大小为-0.504；控制中介变量后，广告评价模式对品牌态度的影响显著，区间（LLCI = -0.379，ULCI = 0.161）包含0，因此，感知欺骗在广告评价模式影响品牌态度的过程中发挥了中介作用，且为完全中介变量，假设H4b得到支持。

③感知欺骗对广告评价模式影响平台态度的中介检验结果不包含0（LLCI = -0.544，ULCI = -0.190），且中介效应大小为-0.354；控制中介变量后，广告评价模式对平台态度的影响显著，区间（LLCI = -0.473，ULCI = -0.027）不包含0，因此，感知欺骗在广告评价模式影响平台态度的过程中发挥了中介作用，且为不完全中介变量，假设H4c得到支持。

④感知欺骗对广告评价模式影响购买意愿的中介检验结果不包含0（LLCI = -0.738，ULCI = -0.262），且中介效应大小为-0.490；控制中介变量后，广告评价模式对购买意愿的影响显著，区间（LLCI = -0.284，ULCI = 0.250）包含0，因此，感知欺骗在广告评价模式影响购买意愿影响过程中发挥了中介作用，且为完全中介变量，假设H4d得到支持。

⑤感知欺骗对广告评价模式影响分享意愿的中介检验结果不包含0（LLCI = -0.609，ULCI = -0.173），且中介效应大小为-0.372；控制中介变量后，广告评价模式对分享意愿的影响显著，区间（LLCI = -0.274，ULCI = 0.282）包含0，因此，感知欺骗在广告评价模式影响分享意愿影响过程中发挥了中介作用，且为完全中介变量，假设H4e得到支持。

（4）说服知识的调节作用

①说服知识水平对广告评价模式影响广告态度的调节作用。

为检验不同广告评价模式（单独评价 vs 共同评价）和说服知识水平（高 vs 低）的调节作用，本研究以广告评价模式（单独评价 vs 共同评价）和说服知识水平（高 vs 低）为自变量，以广告态度为因变量，进行双因素方差分析。结果表明，广告评价模式对广告态度的主效应显著 [$F_{(1, 82)}$ = 15.408，p<0.001]；说服知识水平对广告态度的主效应不显著 [$F_{(1, 82)}$ = 0.220，p = 0.640]；广告评价模式和说服知识水平

交互效应显著［F（1，82）= 6.392，p<0.05］。

结果表明，在高说服知识水平条件下，单独评价的软文原生广告的广告态度显著高于共同评价的软文原生广告的广告态度［$M_{单独评价}$ = 4.94，$SD_{单独评价}$ = 1.943；$M_{共同评价}$ = 2.72，$SD_{共同评价}$ = 1.326；F（1，42）= 15.675；p<0.001］；在低说服知识水平条件下，单独评价和共同评价的软文原生广告的广告态度没有显著差异［$M_{单独评价}$ = 3.91，$SD_{单独评价}$ = 1.597；$M_{共同评价}$ = 3.43，$SD_{共同评价}$ = 0.873；F（1，40）= 0.070；p = 0.792］，假设 H5a 得到支持（见表5-8）。

表5-8　说服知识水平对广告评价模式影响广告态度的调节作用

因变量	调节变量	分组变量	选项	M	SD	F	p
广告态度	高说服知识	广告评价模式	单独原生	4.94	1.943	15.675	0.000
	低说服知识		共同原生	2.72	1.326		
广告态度	高说服知识	广告评价模式	单独原生	3.91	1.597	1.593	0.214
	低说服知识		共同原生	3.43	0.873		

②说服知识水平对广告评价模式影响品牌态度的调节作用。

为检验不同广告评价模式（单独评价 vs 共同评价）和说服知识水平（高vs 低）的调节作用，本研究以广告评价模式（单独评价 vs 共同评价）和说服知识水平（高 vs 低）为自变量，以品牌态度为因变量，进行双因素方差分析。结果表明，广告评价模式对品牌态度主效应显著［F（1，82）= 9.813，p<0.01］；说服知识水平对品牌态度的主效应不显著［F（1，82）= 0.688，p = 0.409］；广告评价模式和说服知识水平交互效应显著［F（1，82）= 5.193，p<0.05］。

简单效应结果表明，在高说服知识水平条件下，单独评价的软文原生广告的品牌态度显著高于共同评价的软文原生广告的品牌态度［$M_{单独评价}$ = 4.99，$SD_{单独评价}$ = 1.977；$M_{共同评价}$ = 3.09，$SD_{共同评价}$ = 1.456；F（1，42）= 10.772；p<0.01］；在低说服知识水平条件下，单独评价和共同评价的软文原生广告的品牌态度没有显著差异［$M_{单独评价}$ = 3.90，$SD_{单独评价}$ = 1.578；$M_{共同评价}$ = 3.60，$SD_{共同评价}$ = 0.870；F（1，40）= 0.632；p = 0.431］，假设 H5b 得到支持（见表5-9）。

表 5-9　说服知识水平对广告评价模式影响品牌态度的调节作用

因变量	调节变量	分组变量	选项	M	SD	F	p
品牌态度	高说服知识	广告评价模式	单独原生	4.99	1.977	10.772	0.002
	低说服知识		共同原生	3.09	1.456		
品牌态度	高说服知识	广告评价模式	单独原生	3.90	1.578	0.632	0.431
	低说服知识		共同原生	3.60	0.870		

③说服知识水平对广告评价模式影响平台态度的调节作用。

为检验不同广告评价模式（单独评价 vs 共同评价）和说服知识水平（高 vs 低）的调节作用，本研究以广告评价模式（单独评价 vs 共同评价）和说服知识水平（高 vs 低）为自变量，以平台态度为因变量，进行双因素方差分析。结果表明，广告评价模式对平台态度主效应显著 [$F(1, 82) = 14.551$, $p < 0.001$]；说服知识水平对平台态度的主效应不显著 [$F(1, 82) = 2.877$, $p = 0.094$]；广告评价模式和说服知识水平交互效应显著 [$F(1, 82) = 2.489$, $p = 0.119$]，假设 H5c 未得到部分支持。

④说服知识水平对广告评价模式影响购买意愿的调节作用。

为检验不同广告评价模式（单独评价 vs 共同评价）和说服知识水平（高 vs 低）的调节作用，本研究以广告评价模式（单独评价 vs 共同评价）和说服知识水平（高 vs 低）为自变量，以购买意愿选择为因变量，进行双因素方差分析。结果表明，广告评价模式对购买意愿主效应显著 [$F(1, 82) = 7.192$, $p < 0.01$]；说服知识水平对购买意愿的主效应不显著 [$F(1, 82) = 0.358$, $p = 0.551$]；广告评价模式和说服知识水平交互效应显著 [$F(1, 82) = 7.539$, $p < 0.01$]。

简单效应结果表明，在高说服知识水平条件下，单独评价的软文原生广告的购买意愿显著高于共同评价的软文原生广告的购买意愿 [$M_{单独评价} = 4.86$, $SD_{单独评价} = 1.887$；$M_{共同评价} = 3.01$, $SD_{共同评价} = 1.583$；$F(1, 42) = 10.531$；$p < 0.01$]；在低说服知识水平条件下，单独评价和共同评价的软文原生广告的购买意愿没有显著差异 [$M_{单独评价} = 3.72$, $SD_{单独评价} = 1.313$；$M_{共同评价} = 3.74$, $SD_{共同评价} = 0.918$；$F(1, 40) = 0.004$；$p = 0.951$]，假设 H5d 得到支持（见表 5-10）。

表 5-10　说服知识水平对广告评价模式影响购买意愿的调节作用

因变量	调节变量	分组变量	选项	M	SD	F	p
购买意愿	高说服知识	广告评价模式	单独原生	4.86	1.887	10.531	0.002
	低说服知识		共同原生	3.01	1.583		
购买意愿	高说服知识	广告评价模式	单独原生	3.72	1.313	0.004	0.951
	低说服知识		共同原生	3.74	0.918		

⑤说服知识水平对广告评价模式影响分享意愿的调节作用。

为检验不同广告评价模式（单独评价 vs 共同评价）的和说服知识水平（高 vs 低）的调节作用，本研究以广告评价模式（单独评价 vs 共同评价）和说服知识水平（高 vs 低）为自变量，以分享意愿为因变量，进行双因素方差分析。结果表明，广告评价模式对分享意愿主效应显著 $[F(1, 82) = 4.222, p<0.05]$；说服知识水平对分享意愿的主效应不显著 $[F(1, 82) = 0.272, p = 0.603]$；广告评价模式和说服知识水平交互效应显著 $[F(1, 82) = 0.356, p = 0.071]$，假设 H5e 未得到部分支持。

四、实验结论

实验二检验结果表明，软文原生广告的不同评价模式对消费者态度和行为意向具有显著影响，具体表现在，单独评价的原生广告比共同评价的原生广告更能促进消费者产生积极的广告态度、品牌态度、平台态度，以及购买意愿和分享意愿，假设 H2 得到支持。

同时，赞助透明度在广告评价模式对消费者态度和行为意向的影响中起中介作用，显著影响着消费者的广告态度、品牌态度、平台态度，以及购买意愿和分享意愿，假设 H3 得到支持。感知欺骗在广告评价模式对消费者态度和行为意向的影响中起中介作用，显著影响着消费者的广告态度、品牌态度、平台态度，以及购买意愿和分享意愿，假设 H4 得到支持。

此外，说服知识水平对广告评价模式影响消费者态度和行为意向起调节作用。具体表现在，当消费者具有高说服知识水平时，处于单独评价模式中的消费者的广告态度、品牌态度和购买意愿显著高于共同评价模式；当消费者具有低说服知识水平时，广告评价模式对消费者的广告态度、品牌态度和购买意愿的影响不显著。说服知识水平对广告评价模式影响消费者的平台态度和分享意愿的调节作用未得到支持，假设 H5 得到部分支持。

第六节　研究一结论

在社交媒体平台中，优质的广告位毕竟有限，这对原生广告的投放效果带来挑战。本研究模拟知识分享社区"小红书"的浏览情景，通过实验设计和数据分析，探讨了广告类型、广告评价模式对消费者态度和行为意向的影响，赞助透明度和感知欺骗的中介作用，以及说服知识水平的调节作用。

第一，广告类型（原生广告 vs 展示广告）对消费者态度和行为意向的影响。研究结果表明，相对于展示广告，软文原生广告在多个方面产生了更积极的影响，其支持了原生广告是一种更具吸引力和更有效的广告类型的观点。原生广告可以产生更积极的影响，可能因为其能更好地融入用户的体验，不像传统展示广告那样过于醒目和产生干扰。该发现对于现实广告实践具有一定的实际意义。广告从业者和营销人员在制定广告战略时，应当积极使用原生广告。同时，其需要谨慎设计原生广告，以确保它们与用户体验相符，而不是简单地伪装成社交媒体平台的内容，这对于建立信任和提升品牌形象至关重要。

第二，广告评价模式（单独评价 vs 共同评价）对消费者态度和行为意向的影响。研究结果显示，共同评价模式在多个方面都降低了消费者的态度和行为意向，这表明在广告位竞争的背景下，共同评价模式可能会导致广告效果下降。共同评价模式容易产生比较效应，消费者可能通过对比发现原生广告的"伪装"属性，从而减弱他们对广告的积极态度和行为意向。因此，在设计原生广告时，广告制定者应当因地制宜，根据编辑内容谨慎设计原生广告，并且尽量避免与传统展示广告共同呈现，以免消费者处于共同评价模式中产生对比效应。

第三，赞助透明度的中介作用。研究结果表明，赞助透明度在广告评价模式对消费者态度和行为意向的影响过程中起中介作用。赞助透明度是指赞助沟通引发的使消费者注意到其付费性质和赞助商身份的程度。消费者感知到原生广告中的赞助透明度越高，即广告可信度越高，其感知到的欺骗感就越低，进而产生积极的态度与行为意向。因此，广告从业者和营销人员应该努力提高广告的赞助透明度，确保消费者能够清楚地辨认广告和内容之间的界限，避免让消费者通过其他外界披露线索被动地识别出原生广告的商业属性。

第四，感知欺骗的中介作用。研究结果表明，感知欺骗在广告评价模式对消费者态度和行为意向的影响过程中起中介作用。共同评价模式对消费者产生了较高的感知欺骗，而单独评价模式则降低了感知欺骗。感知欺骗部分解释了共同评价模式对消费者态度和行为意向产生负面影响的原因。感知欺骗的中介作用强调了广告制定者的责任，其需要确保广告内容是真实和客观的，以避免让消费者产生被误导和欺骗的感觉。

第五，说服知识的调节作用。研究结果证实，说服知识水平对广告评价模式影响消费者的态度和行为意向起调节作用。当参与者具有高说服知识水平时，单独评价模式产生的广告态度、品牌态度、平台态度、购买意愿和分享意愿显著高于共同评价模式。然而，当参与者具有低说服知识水平时，广告评价模式对这些因素的影响不显著。该结论强调原生广告的"隐蔽性"特征的识别，以及由此产生的态度和行为变化依赖受众的特征和知识水平。虽然消费者说服知识对原生广告的作用积极与否依然持有争议（Boerman，Willemsen & Van Der Aa，2017；Jing Wen 等，2020；Jung & Heo，2019；Kim，Youn & Yoon，2019），但本研究发现说服知识对原生广告的作用总体是正向的，原生广告在单独评价环境中更能体现其自身融入背景和改善体验的优势，在共同评价模式中则会破坏这种和谐性，而拥有较高说服知识的消费者对两者之间差异的感知更为敏锐。

假设检验汇总见表 5-11。

表 5-11 假设检验汇总

假设	假设内容	结果
H1	在软文原生广告中，广告类型可以影响消费者态度和行为意向。	部分支持
H1a	与展示广告相比，原生广告会提高消费者的广告态度；	支持
H1b	与展示广告相比，原生广告会提高消费者的品牌态度；	支持
H1c	与展示广告相比，原生广告会提高消费者的平台态度；	支持
H1d	与展示广告相比，原生广告会提高消费者的购买意愿；	不支持
H1e	与展示广告相比，原生广告会提高消费者的分享意愿。	不支持

表5-11(续)

假设	假设内容	结果
H2	在软文原生广告中，广告评价模式可以影响消费者态度和行为意向。	支持
H2a	与单独评价相比，共同评价会降低消费者的广告态度；	支持
H2b	与单独评价相比，共同评价会降低消费者的品牌态度；	支持
H2c	与单独评价相比，共同评价会降低消费者的平台态度；	支持
H2d	与单独评价相比，共同评价会降低消费者的购买意愿；	支持
H2e	与单独评价相比，共同评价会降低消费者的分享意愿。	支持
H3	在软文原生广告中，赞助透明度在广告评价模式影响消费者态度和行为意向的过程中起中介作用。	支持
H3a	赞助透明度在广告评价模式影响广告态度的过程中起中介作用；	支持
H3b	赞助透明度在广告评价模式影响品牌态度的过程中起中介作用；	支持
H3c	赞助透明度在广告评价模式影响平台态度的过程中起中介作用；	支持
H3d	赞助透明度在广告评价模式影响购买意愿的过程中起中介作用；	支持
H3e	赞助透明度在广告评价模式影响分享意愿的过程中起中介作用。	部分支持
H4	在软文原生广告中，感知欺骗在广告评价模式影响消费者态度和行为意向的过程中起中介作用。	支持
H4a	感知欺骗在广告评价模式影响广告态度的过程中起中介作用；	支持
H4b	感知欺骗在广告评价模式影响品牌态度的过程中起中介作用；	支持
H4c	感知欺骗在广告评价模式影响平台态度的过程中起中介作用；	支持
H4d	感知欺骗在广告评价模式影响购买意愿的过程中起中介作用；	支持
H4e	感知欺骗在广告评价模式影响分享意愿的过程中起中介作用。	部分支持
H5	在原生广告中，说服知识水平对广告评价模式影响消费者态度和行为意向起调节作用。	部分支持
H5a	当消费者具有高说服知识水平时，处于单独评价模式的广告态度显著高于共同评价模式，当消费者具有低说服知识水平时，广告评价模式对广告态度的影响不显著；	支持

表5-11（续）

假设	假设内容	结果
H5b	当消费猪具有高说服知识水平时，处于单独评价模式的品牌态度显著高于共同评价模式，当消费者具有低说服知识水平时，广告评价模式对品牌态度的影响不显著；	支持
H5c	当消费者具有高说服知识水平时，处于单独评价模式的平台态度显著高于共同评价模式，当消费者具有低说服知识水平时，广告评价模式对平台态度的影响不显著；	支持
H5d	当消费者具有高说服知识水平时，处于单独评价模式的购买意愿显著高于共同评价模式，当消费者具有低说服知识水平时，广告评价模式对购买意愿的影响不显著；	不支持
H5e	当消费者具有高说服知识水平时，处于单独评价模式的分享意愿显著高于共同评价模式，当消费者具有低说服知识水平时，广告评价模式对分享意愿的影响不显著。	不支持

第六章 研究二：伴随购买链接的影响

第一节 研究目的

研究一通过两个实验验证了在广告位竞争情况下，原生广告和展示广告的共同呈现，可以影响消费者对原生广告赞助透明度和感知欺骗的变化，进而对消费者态度和行为产生一系列影响。研究二关注另一种原生广告被动披露形式，即在社交媒体平台流量变现中，在软文原生广告增加伴随购买链接能否引起消费者态度和行为的变化。

相对于传统展示广告，原生广告呈现出隐蔽性和定向投放等特点。原生广告巧妙地融入背景页面中，使得消费者在阅读媒体内容的同时，往往忽略广告的存在。这种无缝融合的方式有助于用户在无意中接触广告信息，且避免干扰他们的媒体体验（Krouwer, Poels & Paulussen, 2017）。然而，一个关键问题摆在广告从业者、广告商和发布商面前，那就是如何在具有隐蔽性的原生广告中有效地提升转化效率。

现实生活中，广告商和内容创作者常常在软文原生广告中增加伴随购买链接，以提高广告的转化率。这种提供伴随购买链接的做法为原生广告注入了行动性，引导用户前往产品购买页面，促进广告内容向产品销售转化（刘传红和廖思维，2023）。然而，关于这种伴随购买链接对消费者态度和行为意向的影响的研究还相对不足。

基于先前研究，在广告引入披露元素后，消费者可能会采取不同的应对方式。一方面，消费者可能通过感知欺骗产生认知失调，导致他们的态度和行为意向受到负面影响（Wojdynski & Evans, 2016）。因此，一些内容创作者为避免引起广告嫌疑，常常在推荐某些产品或品牌时，仅提及某款产品甚至隐瞒品牌名称。另一方面，随着原生广告的常态化，消费者可能会积累更多的说服知识，伴随购买链接反而可以帮助消费者准确解释信息，缓解因认知失调而引发的感知欺骗，提升购买信心（Jing Wen 等，2020；Krouwer，Poels & Paulussen，2017）。

先前研究主要集中在原生广告的内容和形式与背景媒体的契合度，即其"原生性"问题，而较少关注广告流量变现的"经济性"问题。本研究旨在探讨在软文原生广告中提供伴随购买链接对消费者态度和行为意向的影响，以及这种影响的中介机制和调节效应。具体而言，本研究包括两个主要目标。首先，我们将分析消费者对原生广告提供伴随购买链接时的不同反应，包括对其的广告态度、品牌态度、平台态度以及购买意愿和分享意愿的影响，并深入研究其中的中介作用机制。其次，我们将在是否提供伴随购买链接的情景下，进一步验证软文原生广告披露影响过程中的中介作用机制和调节效应。

为实现上述两个目标，本研究将展开两个主要的研究情景。首先，我们将采用有伴随购买链接和无伴随购买链接的两种软文原生广告情境，探讨消费者的广告态度、品牌态度、平台态度的变化，以及其购买意愿和分享意愿的感知差异，以及其中的中介机制。其次，我们将在不同的广告展示情景下，进一步探讨知识水平对伴随购买链接在影响消费者广告态度、品牌态度、平台态度，以及购买意愿和分享意愿过程中的调节作用。

通过这两个情景实验，本研究旨在深入理解软文原生广告的伴随购买链接对消费者态度和行为意向的影响，探究其影响机制和作用条件，并构建完整的软文原生广告中伴随购买链接的作用路径。

第二节　文献回顾与假设推导

一、伴随购买链接的定义

随着移动互联网的发展以及场景信息变现的需求，越来越多的广告商开始依托网络平台发布含有超链接的广告内容，链接或跳转至其他商品或服务广告的承载页面（简称"落地页"）。伴随购买链接常常随着产品或服务的展示或描述，提供直接的购买链接或按钮，方便用户进行购买操作，为消费者提供了便捷的购买途径，将产品或服务的展示与购买环节紧密结合，促进了购买决策和转化率的提高（Liu，Li & Hu，2013）。

与传统网络展示广告相似，网络展示广告中的链接和跳转设置允许用户点击广告以访问赞助商的网站或购物平台，从而为广告商提供了提升销售额或增加潜在客户的机会（Manchanda 等，2006）。然而，软文原生广告中的购买链接与传统网络展示广告有所不同，它不是链接到品牌或产品展示页，而是直接引导用户跳转至商品购买界面。为了界定这种新型链接，本研究参考了 Campbell 和 Evans（2018）的命名原则，将其定义为伴随购买链接（Companion Purchase Link）。

　　同时，伴随购买链接的设定为广告商带来了新的机遇和挑战。通过将购买链接直接嵌入软文原生广告中，广告商能够在用户阅读广告内容的同时，促使其进行购买。然而，这种链接的设定也需要考虑如何平衡用户体验与广告效果，以及如何避免对用户造成过多干扰。因此，本研究旨在探究伴随购买链接在软文原生广告中对消费者态度和行为意向的影响，以及这种影响背后的机制和条件。

二、伴随购买链接与消费者态度和行为意向

　　随着在线媒体消费多样化的发展，包括多种呈现方式、功能和资源，原生广告作为一种隐蔽的广告形式，在背景媒体中以与其内容形式和位置一致的方式呈现，使得消费者难以辨识其为付费广告内容。为解决这一问题，广告披露成为一种向消费者提供额外信息的方式，其通过增加广告的识别度，帮助消费者辨认出目标对象是否为广告（Friestad & Wright，1994）

　　在软文原生广告情景中，伴随购买链接的存在具有重要意义。该链接作为一种可点击的购买通道，使得消费者能够直接跳转至商品购买页面。在这个过程中，伴随购买链接与软文原生广告的转化息息相关。其所包含的品牌信息和购买方式有助于消费者辨认出文章的"广告"属性，进而影响消费者对广告的认知与态度（Friestad & Wright，1994）。当消费者将软文与心中的广告概念关联时，软文在消费者心中的"意义"便可能发生变化。

　　从说服知识模型的角度来看，披露线索在软文原生广告中的应用能够唤起消费者对广告的说服意图的认知。这种披露机制引导消费者意识到广告背后的推销意图，从而促使消费者采取有针对性的应对策略。消费者对广告意图的判断会影响其态度与行为意向，如果消费者认为广告意图不恰当或具有

操纵性，其就可能会产生负向的情感反应（Boerman & Kruikemeier，2016）。

有两种基本机制可以协助消费者识别原生广告。首要的是，伴随购买链接的引入有助于提升品牌在网页上的可见性，从而增加其在消费者心中的显著度。这种增加的显著性使得消费者更有可能辨认同一页面上的原生广告。次要但可能更为重要的是，伴随购买链接的引用方式很可能使原生广告被明确识别为广告。因此，当消费者看到伴随购买链接时，他们很可能会将其视为广告，并将原生广告中的品牌与广告赞助商联系起来。这种联系有助于在消费者心中将广告品牌与广告概念关联起来。值得注意的是，伴随购买链接所引发的品牌与广告之间的联想可能会表现得相当显著（Rodgers，2003）。这种显著性使得文章中的品牌提及，再加上文章的其他特征，更容易引起消费者对广告的识别（Campbell & Evans，2018）。

然而，伴随购买链接是否能够如此直接影响消费者态度和行为意向存在复杂性。软文中的伴随购买链接将消费者引导到产品页面，如果符合消费者认为文章是广告的判断时，消费者的说服知识就可能被激活，进而影响软文的营销传播效果。然而，Jung 和 Heo（2019）研究表明，具备一定说服知识的消费者在评估新信息时，更能准确理解信息内容，从而增加对信息处理的信心，而非激活防御机制。

先前关于软文原生广告披露和识别的研究对消费者态度和行为意向的影响得出了一些重要结论。例如，Wojdynski 和 Evans（2016）指出，那些能够识别出广告属性的消费者，相对于未能识别的消费者，对广告和相关品牌持有更多的负面评价。这可能是因为广告属性的披露会导致消费者产生怀疑、不信任等负面情感，从而影响其对广告和品牌的整体评价（Friestad 和 Wright，1994）；同时，研究表明态度与行为意向之间存在稳定的关联（Spears & Singh，2004）。消费者对广告和品牌的态度会直接影响其后续的购买意愿和行为。

因此，本书提出如下假设：

H1：在软文原生广告中，有无伴随购买链接可以影响消费者态度和行为意向。

H1a：与无购买链接相比，提供伴随购买链接会降低消费者的广告态度；

H1b：与无购买链接相比，提供伴随购买链接会降低消费者的品牌态度；

H1c：与无购买链接相比，提供伴随购买链接会降低消费者的平台态度；

H1d：与无购买链接相比，提供伴随购买链接会降低消费者的购买意愿；

H1e：与无购买链接相比，提供伴随购买链接会降低消费者的分享意愿。

三、赞助透明度的中介作用

赞助透明度（sponsorship transparency）是指消费者对广告中的赞助关系的感知程度，即他们能否准确地识别广告内容与背后的赞助商之间的联系（Campbell & Kirmani，2000）。赞助透明度并不仅仅在于揭示消费者如何区分和辨认广告内容，更在于将其概念化为一种方法，以评估消费者对特定广告信息的整体印象，即广告或其他商业的表现是否清晰、透明地传达其付费商业信息的性质（Wojdynski，Evans & Hoy，2018）。

赞助透明度关乎消费者对广告赞助关系的感知和反应，影响广告效果与品牌评价。消费者对赞助透明度的较高感知可能会促使其产生积极的广告评价（Eisend 等，2020），提高品牌形象评价（Boerman，Willemsen & Van Der Aa，2017），并激发积极的购买意愿（Eisend 等，2020）。当消费者感知到广告的赞助关系时，其更有可能积极参与广告，对品牌产生积极印象，并有意购买相关产品或服务。

然而，赞助透明度也与广告中商业和非商业内容的形式有关，尤其是在广告中同时呈现商业和非商业内容的情况下。在这种情景下，消费者对赞助商在揭示广告付费性质方面的透明度的感知可能对塑造他们对广告的反应具有重要作用（Wojdynski，Evans & Hoy，2018），即赞助透明度的不同水平可能导致消费者对广告的态度和行为意向产生不同的影响。

此外，原生广告作为一种广告形式，本身具有较强的形式欺骗属性。在追求商业变现的情况下，将原生广告与购买链接相结合可能会增加消费者对广告的识别，但同时降低了原生广告的感知赞助透明度。若消费者通过被动的方式识别广告的商业性质，认为广告商试图以原生形式欺骗进行商业宣传，则原生广告可能会影响他们对广告的态度和行为意向。

因此，本书提出如下假设：

H2：在软文原生广告中，赞助透明度在伴随购买链接影响消费者态度和行为意向的过程中起中介作用。

H2a：赞助透明度在伴随购买链接影响广告态度的过程中起中介作用；

H2b：赞助透明度在伴随购买链接影响品牌态度的过程中起中介作用；

H2c：赞助透明度在伴随购买链接影响平台态度的过程中起中介作用；

H2d：赞助透明度在伴随购买链接影响购买意愿的过程中起中介作用；

H2e：赞助透明度在伴随购买链接影响分享意愿的过程中起中介作用。

四、感知欺骗的中介作用

感知欺骗（perceived deception）是指消费者对广告中可能存在的误导性信息或虚假宣传的感知程度。

在广告情景中，感知欺骗可能对消费者态度和行为意向产生一系列影响。具体而言，感知欺骗与广告态度之间存在负向关系（Kumkale，Albarracín & Seignourel，2010），当消费者感知到广告中存在欺骗性时，他们更有可能对广告持消极评价。同时，这种消极评价不仅局限于广告本身，还可能波及广告商以及广告平台。消费者可能会对广告商产生不信任感（Wojdynski & Evans，2016），甚至将广告平台视为广告内容的传播媒介（Riffe 等，2019）。

另外，感知欺骗对消费者的购买意愿和分享意愿具有显著影响。感知欺骗较高的广告可能会降低消费者的购买意愿，因为消费者对广告中所推销的产品或服务可能产生怀疑或不信任（Roselius，1971）。此外，感知欺骗可能降低消费者的分享意愿，因为消费者也不太可能分享他们认为存在欺骗性的广告内容（Wojdynski，Evans & Hoy，2018）。

研究表明，消费者在广告说服情景下会形成对故意隐瞒诱导行为的感知欺骗（Conill，2016）。这与风险厌恶心理相关，消费者通常会积极辨识欺骗信息以避免潜在的损失。在原生广告的情景下，原生广告的形式本身就具有较强的欺骗性。原生广告常以软文文章的形式呈现，与编辑内容相似，但却未明确标注为广告，这使得消费者在处理信息后可能会感到被欺瞒，从而产生消极的态度和行为意图。

Wojdynski 和 Evans（2016）发现，那些能够识别原生广告的消费者相对于那些未能辨识的消费者，对赞助公司持更负面的态度，对新闻报道的可信度印象较低，对新闻报道质量的好感度也相对较低，对新闻报道的分享意愿也较低。因此，原生广告的隐蔽性可能会导致消费者产生更强烈的感知欺骗，从而对产品、广告商、品牌和制造商产生负面影响。

因此，本书提出如下假设：

H3：在软文原生广告中，感知欺骗在伴随购买链接影响消费者态度和行为意向的过程中起中介作用。

H3a：感知欺骗在伴随购买链接影响广告态度的过程中起中介作用；

H3b：感知欺骗在伴随购买链接影响品牌态度的过程中起中介作用；

H3c：感知欺骗在伴随购买链接影响平台态度的过程中起中介作用；

H3d：感知欺骗在伴随购买链接影响购买意愿的过程中起中介作用；

H3e：感知欺骗在伴随购买链接影响分享意愿的过程中起中介作用。

五、说服知识的调节作用

说服知识水平（persuasion knowledge level）反映了个体对于市场策略中试图说服消费者的了解程度，包括消费者在应对不同说服尝试时的知识水平以及制定影响营销传播绩效的应对策略（Friestad & Wright，1994）。说服知识水平反映了消费者对市场营销的理解程度以及对广告中的潜在意图的把握，从而影响他们应对各种说服尝试的自信程度（Friestad & Wright，1994）。

基于说服知识模型，广告识别与后续消费态度之间存在负向关系（Friestad & Wright，1994），而伴随购买链接可能作为披露线索触发消费者的防御机制，如增加怀疑和批判性处理，产生负面的广告态度和理解（Boerman，Van Reijmersdal & Neijens，2015），最终导致消费者采取消极的行为策略来应对说服尝试。当软文原生广告确实像广告，但没有明确的标识时，消费者可能会产生操纵感和欺骗感（Conill，2016）。尽管伴随购买链接包含品牌信息，但并未明确且主动地标明广告属性，这可能导致消费者感知到操纵行为的增加，进而对广告表现出负面的态度和行为意向（Evans，Wojdynski & Grubbs Hoy，2019）。

伴随购买链接的设计和呈现方式可能在不同消费者群体中产生不同的影响。对于高水平说服知识的消费者，他们具备更高的理解伴随购买链接含义的能力，能够识别广告的商业性质。伴随购买链接作为被动的广告披露信息，能使这些消费者更积极地回应广告，表现出更积极的广告态度、品牌态度、平台态度、购买意愿和分享意愿。相反，低水平说服知识的消费者可能对伴随购买链接的披露属性不太敏感，也不太能够理解其重要性。对于这些消费者，伴随购买链接可能对其态度和行为意向的影响不显著。

因此，本书提出如下假设：

H4：在原生广告中，说服知识水平对伴随购买链接影响消费者态度和行为意向起调节作用。

H4a：当消费者具有高说服知识水平时，无伴随购买链接的广告态度显著高于有伴随购买链接，当消费者具有低说服知识水平时，伴随购买链接对广告态度的影响不显著；

H4b：当消费者具有高说服知识水平时，无伴随购买链接的品牌态度显著高于有伴随购买链接，当消费者具有低说服知识水平时，伴随购买链接对品牌态度的影响不显著；

H4c：当消费者具有高说服知识水平时，无伴随购买链接的平台态度显著高于有伴随购买链接，当消费者具有低说服知识水平时，伴随购买链接对平台态度的影响不显著；

H4d：当消费者具有高说服知识水平时，无伴随购买链接的购买意愿显著高于有伴随购买链接，当消费者具有低说服知识水平时，伴随购买链接对购买意愿的影响不显著；

H4e：当消费者具有高说服知识水平时，无伴随购买链接的分享意愿显著高于有伴随购买链接，当消费者具有低说服知识水平时，伴随购买链接对分享意愿的影响不显著。

第三节　研究设计

本研究主要检验（伴随购买链接：有 vs 无）对消费者态度（广告态度、品牌态度和平台态度）和行为意向（购买意愿和分享意愿）的影响，赞助透明度和感知欺骗的中介作用，以及说服知识水平的调节作用。下面将通过 2 个实验检验概念模型和研究假设。本研究概念模型如图 6-1 所示。

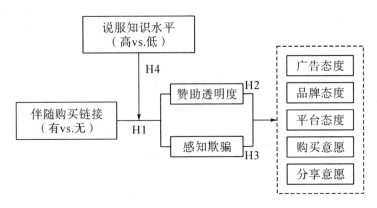

图 6-1　研究二概念模型

第四节　实验一

实验一旨在考察伴随购买链接的主效应（假设1）、赞助透明度和感知欺骗的中介作用（假设2和假设3），采用2（伴随购买链接：有 vs 无）组间因素设计。

伴随购买链接通过实验操控实现，即软文原生广告提供伴随购买链接和软文原生广告无伴随购买链接。在被试接受刺激过程中，除自变量根据实验目的进行操控外，刺激物的整体呈现方式均保持一致，以尽量避免无关变量的影响。

一、实验设计

1. 产品刺激物设计

根据研究一前测结果，实验二选择某品牌"电动牙刷"作为产品刺激物，其功能属性和享乐属性基本一致，且功能属性略高于享乐属性。同时，电动牙刷对于大学生群体是一种常见的生活用品，其广告在消费者中具有一定的代表性。因此，本研究可以很好地控制实验条件，以便观察伴随购买链接的主效应、赞助透明度和感知欺骗的中介作用，以及说服知识的调节作用。同时，为避免品牌熟悉度变量的干扰，本研究选取知名度较低的产品品牌。

2. 实验情景设计

为提高实验情景的还原性，实验材料的内容设计参考社区产品故事和推荐信息（如知乎、小红书等），根据实验需要进行内容整合，并选择知识问答社区"知乎"作为软文原生广告的发布情景。"知乎"具有社交媒体的真实性与互动性特征，因此被选为此次测试广告的媒介。本研究的刺激物和背景素材均是从"知乎"上发表的真实的软文原生广告中发展而来的。

为确保广告内容贴近真实生活情景，本研究在"知乎"社交平台搜索"电动牙刷"的用户评论与推荐信息，进行初步筛选并修改。鉴于伴随购买链接存在不同表达形式，本研究模拟真实情境，按照知乎平台伴随购买链接的表现形式进行设计。在保证软文原生广告的内容不变的情况下，一组提供伴随购买链接，另一组则不提供伴随购买链接。

3. 量表设计

研究二使用的量表与研究一的量表保持一致，实验用量表都是经过信度和效度检验的成熟量表，主要用于测量广告态度、品牌态度、平台态度、购买意愿、分享意愿、赞助透明度、感知欺骗以及感知内容质量与品牌熟悉度等因素。问卷的最后部分要求被试完善个人相关的统计信息，包括样本分布情况和对原生广告的知晓情况，这将有助于更好地理解研究的背景和特征。

二、实验程序

本研究共招募 110 名被试，均为合肥市某综合性高校的师生。其中，有 5 份问卷因为填写遗漏或错误，以及连续 15 题选项完全相同，被认定为无效，最终 105 名被试的数据参与统计，其中，男性 42 名，女性 63 名。样本人口统计特征描述见表 6-1。

为确保研究的科学性，以及避免被试猜测实验的真正目的，被试被告知这项研究旨在探讨消费者在网络购物环境下的行为。之后，被试被要求阅读一个情景材料，其中描述，"某天当您打开'知乎'，搜索适合年轻人的'电动牙刷'相关推荐问题，随后出现一则用户的分享回答，浏览到以下内容……请根据您当下感受，对下列问题打分"。

根据研究设计，105 名被试分成了两个同质性的组，并被随机分配到两个不同的实验情景中。实验设计参考 Campbell 和 Evans（2018）的研究，并根据需要进行了相应的调整。被试被随机分配到两组软文原生广告页面中，每组观看了相同的实验情景，但呈现了不同的广告信息。两组广告分别是实验组 A（提供伴随购买链接）和实验组 B（未提供伴随购买链接）。在两组软文原生广告页面中，除页底有无伴随购买链接外，页面的内容、整体外观保持一致（实验刺激物见附录 B）。

表 6-1　样本人口统计特征描述

类别	题项	频数	百分比/%
性别	男	42	40.00
	女	63	60.00
年龄	18 岁及以下	3	2.86
	19～25 岁	102	97.14
月可支配收入	1 000 元以下	14	13.33
	1 001～3 000 元	88	83.81
	3 001～5 000 元	1	0.95
	5 001 元以上	1	0.95
	10 000 元以上	1	0.95
原生广告知晓度	是	59	56.19
	否	46	43.81

三、实验结果

1. 实验控制检验

为避免软文原生广告内容质量和产品刺激物的品牌熟悉度对实验结果产生干扰，本研究检验不同实验组软文原生广告感知内容质量和品牌熟悉度的差异，以保证实验控制的有效性。

单变量方差（ANOVA）分析表明，伴随购买链接（有 vs. 无）两组中的原生广告的感知内容质量 [$M_{无伴随}$ = 5.03，$SD_{无伴随}$ = 1.017；$M_{有伴随}$ = 4.76，$SD_{有伴随}$ = 1.133；$F_{(1, 103)}$ = 1.585；p = 0.211] 和品牌熟悉度 [$M_{无伴随}$ = 5.04，$SD_{无伴随}$ = 1.216；$M_{有伴随}$ = 5.06，$SD_{有伴随}$ = 1.480；$F_{(1, 103)}$ = 0.005；p = 0.945] 无显著差异，说明两组软文原生广告的感知内容质量和品牌熟悉度对实验结果不会产生显著性干扰，研究设计中情景实验材料操控有效（见表6-2）。

表6-2　实验操控检验

因变量	分组变量	选项	M	SD	F	p
感知内容质量	伴随购买链接	无伴随	5.03	1.017	1.585	0.211
		有伴随	4.76	1.133		
品牌熟悉度		无伴随	5.04	1.216	0.005	0.945
		有伴随	5.06	1.480		

2. 假设检验

（1）伴随购买链接对消费者态度和行为意向的影响

①伴随购买链接对广告态度的影响。

为检验伴随购买链接的有无对广告态度的影响，本研究以伴随购买链接（有 vs 无）为自变量，以广告态度为因变量，进行单变量方差分析。分析结果显示，两组软文原生广告中的消费者广告态度存在显著差异 $[M_{有伴随} = 4.15，SD_{有伴随} = 1.090；M_{无伴随} = 4.85，SD_{无伴随} = 1.014；F_{(1,103)} = 11.312；p<0.01]$。以上结果表明，有无伴随购买链接的两组软文原生广告的广告态度存在显著差异，假设 H1a 得到支持。

②伴随购买链接对品牌态度的影响。

为检验伴随购买链接的有无对品牌态度的影响，本研究以伴随购买链接（有 vs 无）为自变量，以品牌态度为因变量，进行单变量方差分析。分析结果显示，两组软文原生广告中的消费者品牌态度存在显著差异 $[M_{有伴随} = 4.40，SD_{有伴随} = 1.091；M_{无伴随} = 5.15，SD_{无伴随} = 0.913；F_{(1,103)} = 14.617；p<0.001]$。以上结果表明，有无伴随购买链接的两组软文原生广告的品牌态度存在显著差异，假设 H1b 得到支持。

③伴随购买链接对平台态度的影响。

为检验伴随购买链接的有无对平台态度的影响，本研究以伴随购买链接（有 vs 无）为自变量，以平台态度为因变量，进行单变量方差分析。分析结果显示，两组软文原生广告中的消费者平台态度存在显著差异 $[M_{有伴随} = 4.14，SD_{有伴随} = 1.135；M_{无伴随} = 4.85，SD_{无伴随} = 0.946；F_{(1,}$

103) ＝ 12.243；p<0.001]。以上结果表明，有无伴随购买链接的两组软文原生广告的平台态度存在显著差异，假设 H1c 得到支持。

④伴随购买链接对购买意愿的影响。

为检验伴随购买链接的有无对购买意愿的影响，本研究以伴随购买链接（有 vs 无）为自变量，以购买意愿为因变量，进行单变量方差分析。分析结果显示，两组软文原生广告的消费者购买意愿存在显著差异[$M_{有伴随}$ ＝ 3.56，$SD_{有伴随}$ ＝ 1.108；$M_{无伴随}$ ＝ 4.27，$SD_{无伴随}$ ＝ 1.190；F（1，103）＝ 9.823；p<0.01]。以上结果表明，有无伴随购买链接的两组软文原生广告的购买意愿存在显著差异，假设 H1d 得到支持。

⑤伴随购买链接对分享意愿的影响。

为检验伴随购买链接的有无对分享意愿的影响，本研究以伴随购买链接（有 vs 无）为自变量，以分享意愿为因变量，进行单变量方差分析。分析结果显示，两组软文原生广告的消费者分享意愿存在显著差异[$M_{有伴随}$ ＝ 3.96，$SD_{有伴随}$ ＝ 1.546；$M_{无伴随}$ ＝ 3.00，$SD_{无伴随}$ ＝ 1.316；F（1，103）＝ 11.795；p<0.01]。以上结果表明，有无伴随购买链接的两组软文原生广告的分享意愿存在显著差异，假设 H1e 得到支持（见表6-3）。

表6-3　伴随购买链接对消费者态度和行为意向的影响

因变量	分组变量	选项	M	SD	F	p
广告态度	伴随购买链接	无伴随	4.85	1.014	11.312	0.001
		有伴随	4.15	1.090		
品牌态度		无伴随	5.15	0.913	14.617	0.000
		有伴随	4.40	1.091		
平台态度		无伴随	4.85	0.946	12.243	0.001
		有伴随	4.14	1.135		
购买意愿		无伴随	4.27	1.190	9.823	0.002
		有伴随	3.56	1.108		
分享意愿		无伴随	3.96	1.546	11.795	0.001
		有伴随	3.00	1.316		

（2）赞助透明度的中介作用

为进一步检验赞助透明度对伴随购买链接影响广告态度、品牌态度、平台态度，以及购买意愿和分享意愿过程的中介作用，本研究参照 Hayes（2004）提出的 Bootstrap 方法，使用中介效应 PROCESS 3.5 分析程序进行中介效应检验，在 5 000 样本量，水平选择为 4，以及 95% 置信区间情况下：

①赞助透明度对伴随购买链接影响广告态度的中介检验结果不包含 0（LLCI = −0.519，ULCI = −0.086），且中介效应大小为−0.266；控制中介变量后，伴随购买链接对广告态度的影响显著，区间（LLCI = −0.841，ULCI = −0.010）不包含 0，因此，赞助透明度在伴随购买链接影响广告态度的过程中发挥了中介作用，且为不完全中介变量，假设 H2a 得到支持。

②赞助透明度对伴随购买链接影响品牌态度的中介检验结果不包含 0（LLCI = −0.374，ULCI = −0.002），且中介效应大小为−0.156；控制中介变量后，伴随购买链接对品牌态度的影响显著，区间（LLCI = −1.008，ULCI = −0.184）不包含 0，因此，赞助透明度在伴随购买链接影响品牌态度的过程中发挥了中介作用，且为不完全中介变量，假设 H2b 得到支持。

③赞助透明度对伴随购买链接影响平台态度的中介检验结果不包含 0（LLCI = −0.487，ULCI = −0.062），且中介效应大小为−0.251；控制中介变量后，伴随购买链接对平台态度的影响显著，区间（LLCI = −0.878，ULCI = −0.048）不包含 0，因此，赞助透明度在伴随购买链接影响平台态度的过程中发挥了中介作用，且为不完全中介变量，假设 H2c 得到支持。

④赞助透明度对伴随购买链接影响购买意愿的中介检验结果不包含 0（LLCI = −0.673，ULCI = −0.139），且中介效应大小为−0.383；控制中介变量后，伴随购买链接对购买意愿的影响显著，区间（LLCI = −0.754，ULCI = 0.113）包含 0，因此，赞助透明度在伴随购买链接影响购买意愿影响过程中发挥了中介作用，且为完全中介变量，假设 H2d 得到支持。

⑤赞助透明度对伴随购买链接影响分享意愿的中介检验结果不包含 0（LLCI = −0.729，ULCI = −0.160），且中介效应大小为−0.431；控制中介变量后，伴随购买链接对分享意愿的影响显著，区间（LLCI = −1.082，ULCI = 0.022）包含 0，因此，赞助透明度在伴随购买链接影响分享意愿影响过程中发挥了中介作用，且为完全中介变量，假设 H2e 得到支持。

（3）感知欺骗的中介作用

为进一步检验感知欺骗对伴随购买链接影响广告态度、品牌态度、平台态度，以及购买意愿和分享意愿过程的中介作用，本研究参照 Hayes

（2004）提出的 Bootstrap 方法，使用中介效应 PROCESS 3.5 分析程序进行中介效应检验，在 5 000 样本量，水平选择为 4，以及 95% 置信区间情况下：

①感知欺骗对伴随购买链接影响广告态度的中介检验结果不包含 0（LLCI = −0.443，ULCI = −0.061），且中介效应大小为−0.227；控制中介变量后，伴随购买链接对广告态度的影响显著，区间（LLCI = −0.857，ULCI = −0.071）不包含 0，因此，感知欺骗在伴随购买链接影响广告态度的过程中发挥了中介作用，且为不完全中介变量，假设 H3a 得到支持。

②感知欺骗对伴随购买链接影响品牌态度的中介检验结果不包含 0（LLCI = −0.388，ULCI = −0.038），且中介效应大小为−0.178；控制中介变量后，伴随购买链接对品牌态度的影响显著，区间（LLCI = −0.959，ULCI = −0.187）不包含 0，因此，感知欺骗在伴随购买链接影响品牌态度的过程中发挥了中介作用，且为不完全中介变量，假设 H3b 得到支持。

③感知欺骗对伴随购买链接影响平台态度的中介检验结果不包含 0（LLCI = −0.426，ULCI = −0.054），且中介效应大小为−0.208；控制中介变量后，伴随购买链接对平台态度的影响显著，区间（LLCI = −0.902，ULCI = −0.111）不包含 0，因此，感知欺骗在伴随购买链接影响平台态度的过程中发挥了中介作用，且为不完全中介变量，假设 H3c 得到支持。

④感知欺骗对伴随购买链接影响购买意愿的中介检验结果不包含 0（LLCI = −0.748，ULCI = −0.131），且中介效应大小为−0.417；控制中介变量后，伴随购买链接对购买意愿的影响显著，区间（LLCI = −0.640，ULCI = 0.068）包含 0，因此，感知欺骗在伴随购买链接影响购买意愿影响过程中发挥了中介作用，且为完全中介变量，假设 H3d 得到支持。

⑤感知欺骗对伴随购买链接影响分享意愿的中介检验结果不包含 0（LLCI = −0.682，ULCI = −0.112），且中介效应大小为−0.380；控制中介变量后，伴随购买链接对分享意愿的影响显著，区间（LLCI = −1.092，ULCI = −0.072）不包含 0，因此，感知欺骗在伴随购买链接影响分享意愿影响过程中发挥了中介作用，且为不完全中介变量，假设 H3e 得到支持。

四、实验结论

实验一检验结果表明，软文原生广告中提供伴随购买链接对消费者态度和行为意向具有显著影响。具体表现在，不提供伴随购买链接比提供伴随购买链接更能促进消费者产生积极的广告态度、品牌态度、平台态度，以及购买意愿和分享意愿，假设 H1 得到支持。

同时，赞助透明度在伴随购买链接对消费者态度和行为意向的影响中起中介作用，显著影响着消费者的广告态度、品牌态度、平台态度，以及购买意愿和分享意愿，假设 H2 得到支持。感知欺骗在伴随购买链接对消费者态度和行为意向的影响中起中介作用，显著影响着消费者的广告态度、品牌态度、平台态度，以及购买意愿和分享意愿，假设 H3 得到部分支持。

然而，实验一的刺激物设计依然存在部分不足。虽然通过前测选择功能价值与享乐价值相当的牙刷作为产品刺激物，但是电动牙刷产品的功能价值与享乐价值非常均衡，不能排除产品类型（例如，享乐属性）对消费者态度和行为意向的影响，后续实验将弥补此不足。此外，消费者在浏览和阅读软文原生广告的过程中，伴随购买链接对消费者态度和行为意向的影响可能受到消费者具有的说服知识的影响，实验二将检验说服知识的调节作用。

第五节　实验二

实验二旨在考察伴随购买链接（假设 1）、赞助透明度和感知欺骗的中介作用（假设 2 和假设 3），以及说服知识的调节作用（假设 4），采用 2（伴随购买链接：有 vs 无）×2（说服知识：高 vs 低）组间因素设计。

伴随购买链接通过实验操控实现，即软文原生广告提供伴随购买链接和软文原生广告无伴随购买链接。说服知识水平是需要测量而非被操控的。在被试接受刺激过程中，除自变量根据实验目的进行操控外，刺激物的整体呈现方式均保持一致，以尽量避免无关变量的影响。

一、实验设计

1. 产品刺激物设计

根据研究一前测结果，实验二选择某品牌"纯牛奶"作为产品刺激物，与实验一选择的"电动牙刷"类似，功能属性和享乐属性基本一致，享乐属性略高于功能属性。同时，纯牛奶对于大学生群体是一种常见的食品，其广告在消费者中具有一定的代表性。因此，本研究可以很好地控制实验条件，以便观察伴随购买链接的主效应、赞助透明度和感知欺骗的中介作用，以及说服知识的调节作用。同时，本研究为避免品牌熟悉度变量的干扰，选取知名度较低的产品品牌。

2. 实验情景设计

实验二的实验情景设计旨在与现实的原生广告浏览情景保持一致，以便更好地探究伴随购买链接在"知乎"社交平台上的效应。实验二与实验一的模拟情景相似，同样使用"知乎"作为测试广告媒介。本研究的刺激物和背景素材均是从"知乎"上发表的真实的原生广告中发展而来的。

为了确保广告内容与真实情景相符，实验二搜索了知乎上关于"纯牛奶"的用户评论和推荐信息，并进行初步筛选和修改，以满足研究需要。同时，鉴于伴随购买链接存在不同表达形式，本研究模拟真实情境，按照知乎平台伴随购买链接的表现形式进行设计。在保证软文原生广告的内容不变的情况下，一组提供伴随购买链接，另一组则不提供伴随购买链接。

③量表设计

实验二量表与实验一量表一致，实验用量表都是经过信度和效度检验的成熟量表，主要用于测量广告态度、品牌态度、平台态度、购买意愿、分享意愿、赞助透明度、感知欺骗以及感知内容质量与品牌熟悉度等因素。问卷的最后部分要求被试完善个人相关的统计信息，包括样本分布情况和对原生广告的知晓情况，这将有助于更好地理解研究的背景和特征。由于说服知识是消费者应对说服尝试而发展形成的知识（Friestad & Wright, 1994），变量操控难度相对较大，故而参考 Bearden, Hardesty 和 Rose（2001）的说服知识水平量表，并根据中文语境翻译成更贴切的量表题项，以充分合理地验证假设。

二、实验程序

实验二的操作程序与实验一保持一致，实验二共招募 210 名被试，均为合肥市某综合性高校的师生。其中，有 1 份问卷因为填写遗漏或错误被认定为无效，最终 209 名被试的数据参与统计，其中，男性 94 名，女性 115 名。样本人口统计特征描述见表 6-4。

同时，为避免被试猜测实验的真正目的，被试被告知这项研究旨在探讨网络购物环境下的消费者行为。之后，被试被要求阅读一个情景材料，其中描述：被试被要求阅读一个情景材料，其中描述："某天当您打开'知乎'，搜索适合年轻人的'纯牛奶'相关推荐问题，随后出现一则用户的分享回答，浏览到以下内容……请根据您当下感受，对下列问题打分"。

根据研究设计，209 名被试分成了个同质性的组，并被随机分配到两个不同的实验情景中。实验设计参考 Campbell 和 Evans（2018）的研究，并根据需要进行了相应的调整。被试被随机分配到两组软文原生广告页面中，每组观看了相同的实验情景，但呈现了不同的广告信息。两组广告分别是实验组 A（提供伴随购买链接）、实验组 B（未提供伴随购买链接）。两组软文原生广告页面中，除页底有无购买链接外，页面的内容、整体外观保持一致。（实验刺激物见附录 B）

表 6-4　样本人口统计特征描述

类别	题项	频数	百分比/%
性别	男	94	44.98
	女	115	55.02
年龄	18 岁及以下	5	2.39
	19~25 岁	204	97.61
月可支配收入	1 000 元以下	41	19.62
	1 001~3 000 元	162	77.51
	3 001~5 000 元	2	0.96
	5 001 元以上	2	0.96
	10 000 元以上	2	0.96
原生广告知晓度	是	83	39.71
	否	126	60.29

三、实验结果

1. 实验控制检验

为避免软文原生广告内容质量和产品刺激物的品牌熟悉度对实验结果产生干扰，本研究检验不同实验组软文原生广告感知内容质量和品牌熟悉度的差异，以保证实验控制的有效性。

单变量方差（ANOVA）分析表明，伴随购买链接（有 vs 无）两组原生广告的感知内容质量［$M_{无伴随}$ = 4.77，$SD_{无伴随}$ = 1.297；$M_{有伴随}$ = 4.51，$SD_{有伴随}$ = 1.071；F（1，207）= 2.347；p = 0.127］和品牌熟悉度［$M_{无伴随}$ = 4.69，$SD_{无伴随}$ = 1.134；$M_{有伴随}$ = 4.49，$SD_{有伴随}$ = 1.089；F（1，207）= 1.774；p = 0.184］无显著差异，说明两组软文原生广告的感知内容质量和品牌熟悉度对实验结果不会产生显著性干扰，研究设计中情景实验材料操控有效（见表6-5）。

表6-5　实验操控检验

因变量	分组变量	选项	M	SD	F	p
感知内容质量	伴随购买链接	无伴随	4.77	1.297	2.347	0.127
		有伴随	4.51	1.071		
品牌熟悉度		无伴随	4.69	1.134	1.774	0.184
		有伴随	4.49	1.089		

2. 假设检验

（1）伴随购买链接对消费者态度和行为意向的影响

①伴随哟购买链接对广告态度的影响。

为检验伴随购买链接的有无对广告态度的影响，本研究以伴随购买链接（有 vs 无）为自变量，以广告态度为因变量，进行单变量方差分析。分析结果显示，两组软文原生广告中的消费者广告态度存在显著差异（$M_{有伴随}$ = 4.20，$SD_{有伴随}$ = 1.195；$M_{无伴随}$ = 4.65，$SD_{无伴随}$ = 1.064；F（1，207）= 8.321；$p<0.01$）。以上结果表明，有无伴随购买链接的两组软文原生广告的广告态度存在显著差异，假设 H1a 得到支持。

②伴随购买链接对品牌态度的影响。

为检验伴随购买链接的有无对品牌态度的影响，本研究以伴随购买链接（有 vs 无）为自变量，以品牌态度为因变量，进行单变量方差分析。分析结果显示，两组软文原生广告中的消费者品牌态度存在显著差异（$M_{有伴随}$ = 4.55，$SD_{有伴随}$ = 1.082；$M_{无伴随}$ = 5.00，$SD_{无伴随}$ = 0.997；F（1，207）= 9.724；$p<0.01$）。以上结果表明，有无伴随购买链接的两组软文原生广告的品牌态度存在显著差异，假设 H1b 得到支持。

③伴随购买链接对平台态度的影响。

为检验伴随购买链接的有无对平台态度的影响，本研究以伴随购买链接（有 vs 无）为自变量，以平台态度为因变量，进行单变量方差分析。

分析结果显示，两组软文原生广告中的消费者平台态度存在显著差异（M_有伴随 = 4.05，SD_有伴随 = 1.116；M_无伴随 = 4.50，SD_无伴随 = 1.019；F (1，207) = 9.281；p<0.01）。以上结果表明，有无伴随购买链接的两组软文原生广告的平台态度存在显著差异，假设 H1c 得到支持。

④伴随购买链接对购买意愿的影响。

为检验伴随购买链接的有无对购买意愿的影响，本研究以伴随购买链接（有 vs 无）为自变量，以购买意愿为因变量，进行单变量方差分析。分析结果显示，两组软文原生广告的消费者购买意愿存在显著差异（M_有伴随 = 3.75，SD_有伴随 = 1.138；M_无伴随 = 4.17，SD_无伴随 = 1.002；F (1，207) = 8.229；p<0.01）。以上结果表明，有无伴随购买链接的两组软文原生广告的购买意愿存在显著差异，假设 H1d 得到支持。

⑤伴随购买链接对分享意愿的影响。

为检验伴随购买链接的有无对分享意愿的影响，本研究以伴随购买链接（有 vs 无）为自变量，以分享意愿为因变量，进行单变量方差分析。分析结果显示，两组软文原生广告的消费者分享意愿存在显著差异（M_有伴随 = 3.21，SD_有伴随 = 1.405；M_无伴随 = 3.72，SD_无伴随 = 1.348；F (1，207) = 7.234；p<0.01）。以上结果表明，有无伴随购买链接的两组软文原生广告的分享意愿存在显著差异，假设 H1e 得到支持（见表6-6）。

表6-6　伴随购买链接对消费者态度和行为意向的影响

因变量	分组变量	选项	M	SD	F	p
广告态度	伴随购买链接	无伴随	4.65	1.064	8.321	0.004
		有伴随	4.20	1.195		
品牌态度		无伴随	5.00	0.997	9.724	0.002
		有伴随	4.55	1.082		
平台态度		无伴随	4.50	1.019	9.281	0.003
		有伴随	4.05	1.116		
购买意愿		无伴随	4.17	1.002	8.229	0.005
		有伴随	3.75	1.138		
分享意愿		无伴随	3.72	1.348	7.234	0.008
		有伴随	3.21	1.405		

（2）赞助透明度的中介作用

为进一步检验赞助透明度对伴随购买链接影响广告态度、品牌态度、平台态度，以及购买意愿和分享意愿过程的中介作用，本研究参照 Hayes（2004）提出的 Bootstrap 方法，使用中介效应 PROCESS 3.5 分析程序进行中介效应检验，在 5 000 样本量，水平选择为 4，以及 95% 置信区间情况下：

①赞助透明度对伴随购买链接影响广告态度的中介检验结果不包含 0（LLCI = -0.198，ULCI = -0.004），且中介效应大小为-0.073；控制中介变量后，伴随购买链接对广告态度的影响显著，区间（LLCI = -0.685，ULCI = -0.072）不包含 0，因此，赞助透明度在伴随购买链接影响广告态度的过程中发挥了中介作用，且为不完全中介变量，假设 H2a 得到支持。

②赞助透明度对伴随购买链接影响品牌态度的中介检验结果不包含 0（LLCI = -0.206，ULCI = -0.003），且中介效应大小为-0.081；控制中介变量后，伴随购买链接对品牌态度的影响显著，区间（LLCI = -0.646，ULCI = -0.089）不包含 0，因此，赞助透明度在伴随购买链接影响品牌态度的过程中发挥了中介作用，且为不完全中介变量，假设 H2b 得到支持。

③赞助透明度对伴随购买链接影响平台态度的中介检验结果不包含 0（LLCI = -0.235，ULCI = -0.007），且中介效应大小为-0.099；控制中介变量后，伴随购买链接对平台态度的影响显著，区间（LLCI = -0.643，ULCI = -0.069）不包含 0，因此，赞助透明度在伴随购买链接影响平台态度的过程中发挥了中介作用，且为不完全中介变量，假设 H2c 得到支持。

④赞助透明度对伴随购买链接影响购买意愿的中介检验结果不包含 0（LLCI = -0.203，ULCI = -0.004），且中介效应大小为-0.081；控制中介变量后，伴随购买链接对购买意愿的影响显著，区间（LLCI = -0.632，ULCI = -0.056）不包含 0，因此，赞助透明度在伴随购买链接影响购买意愿影响过程中发挥了中介作用，且为不完全中介变量，假设 H2d 得到支持。

⑤赞助透明度对伴随购买链接影响分享意愿的中介检验结果不包含 0（LLCI = -0.236，ULCI = -0.005），且中介效应大小为-0.093；控制中介变量后，伴随购买链接对分享意愿的影响显著，区间（LLCI = -0.792，ULCI = -0.047）不包含 0，因此，赞助透明度在伴随购买链接影响分享意愿影响过程中发挥了中介作用，且为不完全中介变量，假设 H2e 得到支持。

（3）感知欺骗的中介作用

为进一步检验感知欺骗对伴随购买链接影响广告态度、品牌态度、平台态度，以及购买意愿和分享意愿过程的中介作用，本研究参照 Hayes（2004）提出的 Bootstrap 方法，使用中介效应 PROCESS 3.5 分析程序进行中介效应检验，在 5 000 样本量，水平选择为 4，以及 95% 置信区间情况下：

①感知欺骗对伴随购买链接影响广告态度的中介检验结果不包含 0（LLCI = −0.384，ULCI = −0.038），且中介效应大小为−0.179；控制中介变量后，伴随购买链接对广告态度的影响显著，区间（LLCI = −0.570，ULCI = −0.025）不包含 0，因此，感知欺骗在伴随购买链接影响广告态度的过程中发挥了中介作用，且为不完全中介变量，假设 H3a 得到支持。

②感知欺骗对伴随购买链接影响品牌态度的中介检验结果不包含 0（LLCI = −0.320，ULCI = −0.022），且中介效应大小为−0.143；控制中介变量后，伴随购买链接对品牌态度的影响显著，区间（LLCI = −0.584，ULCI = −0.028）不包含 0，因此，感知欺骗在伴随购买链接影响品牌态度的过程中发挥了中介作用，且为不完全中介变量，假设 H3b 得到支持。

③感知欺骗对伴随购买链接影响平台态度的中介检验结果不包含 0（LLCI = −0.279，ULCI = −0.007），且中介效应大小为−0.115；控制中介变量后，伴随购买链接对平台态度的影响显著，区间（LLCI = −0.627，ULCI = −0.045）不包含 0，因此，感知欺骗在伴随购买链接影响平台态度的过程中发挥了中介作用，且为不完全中介变量，假设 H3c 得到支持。

④感知欺骗对伴随购买链接影响购买意愿的中介检验结果不包含 0（LLCI = −0.338，ULCI = −0.039），且中介效应大小为−0.166；控制中介变量后，伴随购买链接对购买意愿的影响显著，区间（LLCI = −0.542，ULCI = 0.023）包含 0，因此，感知欺骗在伴随购买链接影响购买意愿影响过程中发挥了中介作用，且为完全中介变量，假设 H3d 得到支持。

⑤感知欺骗对伴随购买链接影响分享意愿的中介检验结果不包含 0（LLCI = −0.310，ULCI = −0.023），且中介效应大小为−0.143；控制中介变量后，伴随购买链接对分享意愿的影响显著，区间（LLCI = −0.745，ULCI = 0.006）包含 0，因此，感知欺骗在伴随购买链接影响分享意愿影响过程中发挥了中介作用，且为完全中介变量，假设 H3e 得到支持。

（4）说服知识的调节作用

①说服知识水平对伴随购买链接影响广告态度的调节作用。

为检验伴随购买链接（有 vs 无）和说服知识水平（高 vs 低）的调节作用，本研究以伴随购买链接（有 vs 无）和说服知识水平（高 vs 低）为自变量，以广告态度为因变量，进行双因素方差分析。结果表明，伴随购买链接对广告态度主效应显著 [F (1, 205) = 9.682, $p<0.01$]；说服知识水平对广告态度的主效应不显著 [F (1, 205) = 0.309, $p = 0.579$]；伴随购买链接和说服知识水平交互效应显著 [F (1, 205) = 7.420, $p<0.05$]。

简单效应结果表明，在消费者具有高说服知识水平条件下，未提供伴随购买链接软文原生广告的广告态度显著高于提供伴随购买链接的软文原生广告的广告态度 [$M_{无伴随}$ = 4.85, $SD_{无伴随}$ = 0.923；$M_{有伴随}$ = 3.94, $SD_{有伴随}$ = 1.185；F (1, 92) = 16.609；$p<0.01$]；在消费者具有低说服知识水平条件下，未提供伴随购买链接和提供伴随购买链接的软文原生广告的广告态度没有显著差异 [$M_{无伴随}$ = 4.51, $SD_{无伴随}$ = 1.136；$M_{有伴随}$ = 4.45, $SD_{有伴随}$ = 1.160；F (1, 113) = 0.079；$p = 0.799$]，假设 H4a 得到支持（见表 6-7）。

表 6-7　说服知识水平对伴随购买链接影响广告态度的调节作用

因变量	调节变量	分组变量	选项	M	SD	F	p
广告态度	高说服知识	伴随购买链接	无伴随	4.85	0.923	16.609	0.000
	低说服知识		有伴随	3.94	1.185		
广告态度	高说服知识	伴随购买链接	无伴随	4.51	1.136	0.079	0.779
	低说服知识		有伴随	4.45	1.160		

②说服知识水平对伴随购买链接影响品牌态度的调节作用。

为检验伴随购买链接（有 vs 无）和说服知识水平（高 vs 低）的调节作用，本研究以伴随购买链接（有 vs 无）和说服知识水平（高 vs 低）为自变量，以品牌态度为因变量，进行双因素方差分析。结果表明，伴随购买链接对品牌态度主效应显著 [F (1, 205) = 10.915, $p<0.01$]；说服知识水平对品牌态度的主效应不显著 [F (1, 205) = 0.752, $p = 0.387$]；伴随购买链接和说服知识水平交互效应显著 [F (1, 205) = 6.860, $p<0.01$]。

简单效应结果表明，在消费者具有高说服知识水平条件下，未提供伴随购买链接的软文原生广告的品牌态度显著高于提供伴随购买链接的软文原生广告的品牌态度 [$M_{无伴随}$ = 5.15，$SD_{无伴随}$ = 0.955；$M_{有伴随}$ = 4.30，$SD_{有伴随}$ = 1.103；F (1, 92) = 15.513；$p<0.001$]；在消费者具有低说服知识水平条件下，未提供伴随购买链接和提供伴随购买链接的软文原生广告的品牌态度没有显著差异 [$M_{无伴随}$ = 4.90，$SD_{无伴随}$ = 1.019；$M_{有伴随}$ = 4.80，$SD_{有伴随}$ = 1.010；F (1, 113) = 0.267；p = 0.607]，假设 H4b 得到支持（见表6-8）。

表6-8 说服知识水平对伴随购买链接影响品牌态度的调节作用

因变量	调节变量	分组变量	选项	M	SD	F	p
品牌态度	高说服知识	伴随购买链接	无伴随	5.15	0.955	15.513	0.000
	低说服知识		有伴随	4.30	1.103		
品牌态度	高说服知识	伴随购买链接	无伴随	4.90	1.019	0.267	0.607
	低说服知识		有伴随	4.80	1.010		

③说服知识水平对伴随购买链接影响平台态度的调节作用。

为检验伴随购买链接（有 vs 无）和说服知识水平（高 vs 低）的调节作用，本研究以伴随购买链接（有 vs 无）和说服知识水平（高 vs 低）为自变量，以平台态度为因变量，进行双因素方差分析，结果表明，伴随购买链接对平台态度主效应显著（F (1, 205) = 10.188，$p<0.01$）；说服知识水平对平台态度的主效应不显著（F (1, 205) = 0.407，p = 0.524）；伴随购买链接和说服知识水平交互效应显著（F (1, 205) = 4.722，$p<0.05$）。

简单效应结果表明，在消费者具有高说服知识水平条件下，未提供伴随购买链接的软文原生广告的平台态度显著高于提供伴随购买链接的软文原生广告的平台态度（$M_{无伴随}$ = 4.63，$SD_{无伴随}$ = 0.962；$M_{有伴随}$ = 3.84，$SD_{有伴随}$ = 1.180；F (1, 92) = 12.405；$p<0.01$）；在消费者具有低说服知识水平条件下，未提供伴随购买链接和提供伴随购买链接的软文原生广告的平台态度没有显著差异（$M_{无伴随}$ = 4.41，$SD_{无伴随}$ = 1.053；$M_{有伴随}$ = 4.26，$SD_{有伴随}$ = 1.018；F (1, 113) = 0.604；p = 0.439），假设 H4c 得到支持（见表6-9）。

表6-9 说服知识水平对伴随购买链接影响平台态度的调节作用

因变量	调节变量	分组变量	选项	M	SD	F	p
平台态度	高说服知识	伴随购买链接	无伴随	4.63	0.962	12.405	0.001
	低说服知识		有伴随	3.84	1.180		
平台态度	高说服知识	伴随购买链接	无伴随	4.41	1.053	0.604	0.439
	低说服知识		有伴随	4.26	1.018		

④说服知识水平对伴随购买链接影响购买意愿的调节作用。

为检验伴随购买链接（有 vs 无）和说服知识水平（高 vs 低）的调节作用。本研究以伴随购买链接（有 vs 无）和说服知识水平（高 vs 低）为自变量，以购买意愿为因变量，进行双因素方差分析。结果表明，伴随购买链接对购买意愿主效应显著 $[F(1, 205) = 9.264, p < 0.01]$；说服知识水平对购买意愿的主效应不显著 $[F(1, 205) = 0.155, p = 0.694]$；伴随购买链接和说服知识水平交互效应显著 $[F(1, 205) = 2.568, p = 0.111]$，假设 H4d 未得到支持。

⑤说服知识水平对伴随购买链接影响分享意愿的调节作用。

为检验伴随购买链接（有 vs 无）和说服知识水平（高 vs 低）的调节作用，本研究以伴随购买链接（有 vs 无）和说服知识水平（高 vs 低）为自变量，以分享意愿为因变量，进行双因素方差分析。结果表明，伴随购买链接对分享意愿主效应显著 $[F(1, 205) = 8.343, p < 0.01]$；说服知识水平对分享意愿的主效应不显著 $[F(1, 205) = 2.880, p = 0.091]$；伴随购买链接和说服知识水平交互效应显著 $[F(1, 205) = 0.245, p < 0.621]$，假设 H4e 未得到支持。

四、实验结论

实验二检验结果表明，软文原生广告中伴随购买链接（有 vs 无）对消费者态度和行为意向具有显著影响。具体表现在，不提供伴随购买链接比提供伴随购买链接更能促进消费者产生积极的广告态度、品牌态度、平台态度，以及购买意愿和分享意愿，假设 H2 得到支持。

同时，赞助透明度在伴随购买链接（有 vs 无）对消费者态度和行为意向的影响中起中介作用，显著影响着消费者的广告态度、品牌态度、平台态度，以及购买意愿和分享意愿，假设 H3 得到支持。感知欺骗在伴随购买链接（有 vs 无）对消费者态度和行为意向的影响中起中介作用，显著影响着消费者的广告态度、品牌态度、平台态度，以及购买意愿和分享意愿，假设 H4 得到支持。

此外，说服知识水平对伴随购买链接（有 vs 无）影响消费者态度起调节作用。具体表现在，当消费者具有高说服知识水平时，不提供伴随购买链接的广告态度、品牌态度和购买意愿显著高于提供伴随购买链接，当消费者具有低说服知识水平时，是否提供伴随购买链接对广告态度、品牌态度和平台态度的影响不显著。说服知识水平在伴随购买链接（有 vs 无）对消费者的购买意愿和分享意愿的调节作用未得到支持，假设 H4 得到部分支持。

第六节　研究二结论

在各大网络平台纷纷推动原生广告流量变现的背景下，理解伴随购买链接对软文原生广告的影响，对于引导和规范原生广告的设计形式与变现方式具有重要意义。本研究模拟知识问答社区"知乎"的浏览情景，通过实验设计和数据分析，探讨了伴随购买链接对消费者态度和行为意向的影响，赞助透明度和感知欺骗的中介作用，以及说服知识水平的调节作用。

首先，伴随购买链接对消费者态度和行为意向的影响。研究结果发现，伴随购买链接可能会对消费者的广告态度、品牌态度、平台态度、购买意愿和分享意愿具有负面影响。表明软文原生广告中引入购买链接具有潜在风险，可能会让消费者感到广告更加商业化，从而降低了他们对广告的积极态度和购买意愿。广告制定者需要权衡广告的商业目标和消费者的体验，以确保购买链接的存在不会削弱广告的效果。这可以通过巧妙地融入购买链接、提供有吸引力的优惠和信息来实现，以吸引消费者的兴趣和购买意愿。

其次，赞助透明度和感知欺骗的中介作用。研究结果证实，赞助透明度和感知欺骗在伴随购买链接影响消费者态度和行为意向的过程中起中介作用。该结果强调了原生广告的透明度和诚实对广告效果的重要性。赞助透明度可以帮助消费者明确广告的商业性质，降低感知欺骗。透明度有助于建立信任，增加广告的可信度，并减少观众的怀疑。因此，确保消费者能够清楚地辨认广告和内容之间的界限，避免让消费者通过其他外界披露线索被动地识别出原生广告的商业属性。

最后，说服知识水平的调节作用。研究结果表明，说服知识水平在伴随购买链接对消费者态度和行为意向的影响中具有调节作用。当参与者具有高说服知识水平时，无伴随购买链接的情况产生的广告态度、品牌态度、平台态度、购买意愿显著高于提供伴随购买链接的情况。然而，在参与者具有低说服知识水平时，伴随购买链接对这些因素的影响不显著。因此，广告制定者应考虑消费者的说服知识水平。对于具有高说服知识的消费者群体，广告制定者可能需要更多地关注广告的透明度和信息质量，以增加他们的信任和购买意愿。而对于具有低说服知识的消费者群体，伴随购买链接可能不会被视为负面因素。

假设检验汇总见表6-10。

表6-10　假设检验汇总

假设	假设内容	结果
H1	在软文原生广告中，有无伴随购买链接可以影响消费者态度和行为意向。	支持
H1a	与无购买链接相比，提供伴随购买链接会降低消费者的广告态度；	支持
H1b	与无购买链接相比，提供伴随购买链接会降低消费者的品牌态度；	支持
H1c	与无购买链接相比，提供伴随购买链接会降低消费者的平台态度；	支持
H1d	与无购买链接相比，提供伴随购买链接会降低消费者的购买意愿；	支持
H1e	与无购买链接相比，提供伴随购买链接会降低消费者的分享意愿；	支持
H2	在软文原生广告中，赞助透明度在伴随购买链接影响消费者态度和行为意向的过程中起中介作用。	支持
H2a	赞助透明度在伴随购买链接影响广告态度的过程中起中介作用；	支持
H2b	赞助透明度在伴随购买链接影响品牌态度的过程中起中介作用；	支持
H2c	赞助透明度在伴随购买链接影响平台态度的过程中起中介作用；	支持

表6-10(续)

假设	假设内容	结果
H2d	赞助透明度在伴随购买链接影响购买意愿的过程中起中介作用;	支持
H2e	赞助透明度在伴随购买链接影响分享意愿的过程中起中介作用。	支持
H3	在软文原生广告中,感知欺骗在伴随购买链接影响消费者态度和行为意向的过程中起中介作用。	支持
H3a	感知欺骗在伴随购买链接影响广告态度的过程中起中介作用;	支持
H3b	感知欺骗在伴随购买链接影响品牌态度的过程中起中介作用;	支持
H3c	感知欺骗在伴随购买链接影响平台态度的过程中起中介作用;	支持
H3d	感知欺骗在伴随购买链接影响购买意愿的过程中起中介作用;	支持
H3e	感知欺骗在伴随购买链接影响分享意愿的过程中起中介作用。	支持
H4	在原生广告中,说服知识水平对伴随购买链接影响消费者态度和行为意向起调节作用。	部分支持
H4a	当消费者具有高说服知识水平时,无伴随购买链接的广告态度显著高于有伴随购买链接,当消费者具有低说服知识水平时,伴随购买链接对广告态度的影响不显著;	支持
H4b	当消费者具有高说服知识水平时,无伴随购买链接的品牌态度显著高于有伴随购买链接,当消费者具有低说服知识水平时,伴随购买链接对品牌态度的影响不显著;	支持
H4c	当消费者具有高说服知识水平时,无伴随购买链接的平台态度显著高于有伴随购买链接,当消费者具有低说服知识水平时,伴随购买链接对平台态度的影响不显著;	支持
H4d	当消费者具有高说服知识水平时,无伴随购买链接的购买意愿显著高于有伴随购买链接,当消费者具有低说服知识水平时,伴随购买链接对购买意愿的影响不显著;	不支持
H4e	当消费者具有高说服知识水平时,无伴随购买链接的分享意愿显著高于有伴随购买链接,当消费者具有低说服知识水平时,伴随购买链接对分享意愿的影响不显著。	不支持

第七章 研究三：广告披露语言的影响

第一节 研究目的

随着网络技术的飞速发展，广告媒介和形式正经历着深刻的变革。在竞争激烈的品牌市场中，广告竞争的本质也在不断演变，从最初的品牌曝光导向逐渐过渡到以用户体验为核心的互联网思维。在此演进进程中，原生广告作为网络广告的代表性形式，因其多样的表现形态、高度的融入性以及较低的干扰性等特点，正逐渐成为塑造消费者态度和行为的新选择。

然而，原生广告的"隐蔽性"说服方式逐渐引起了法律和商业伦理的关注与规范。《互联网广告管理暂行办法》第七条规定，互联网广告必须具备可识别性，即须明确标注为"广告"，以确保消费者能够识别其为广告。同时，付费搜索广告也应明显与自然搜索结果区分。尽管法律监管给予企业组织明确规范，但对于网络社区中的消费者生成内容（User Generated Content，UGC）中涵盖的软文原生广告，规范性控制仍有限（王清和田伊琳，2020）。

随着原生广告的日益普及甚至泛滥，消费者逐渐发展出识别"隐蔽性"说服方式的能力，甚至对此产生了心理抵触和规避行为（Jing Wen等，2020）。然而，先前研究尚未全面揭示原生广告披露影响消费者态度和行为意向的完整路径和边界条件。

基于此，本研究旨在通过模拟中国社交媒体情景，对用户生成的软文原生广告的主动性披露展开探讨，分析主动在软文原生广告中提供披露信息如何影响消费者的广告态度和行为意向。具体而言，本研究包括两个主要目标。首先，我们将分析消费者对软文原生广告披露语言的不同反应，包括对其的广告态度、品牌态度、平台态度以及购买意愿和分享意愿的影响，并深入研究其中的中介作用机制。其次，我们将在是否提供披露语言的不同情景下，进一步验证软文原生广告披露影响过程中的中介作用机制和调节效应。

为实现上述两个目标，本研究将展开两个主要的研究情景。首先，我们将采用三种披露语言状态（显性披露、隐性披露和无披露），探讨消费者的广告态度的变化、品牌态度、平台态度的变化，以及购买意愿和分享意愿的感知差异，以及其中的中介机制。其次，在第一研究情景基础上，我们进一步探讨知识水平对披露语言状态在影响消费者广告态度、品牌态度、平台态度，以及购买意愿和分享意愿过程中的调节作用。

通过这两个情景实验，本研究旨在深入理解软文原生广告主动提供披露语言对消费者态度和行为意向的影响，探究其影响机制和作用条件，并构建完整的软文原生广告披露语言作用路径。

第二节　文献回顾与假设推导

一、广告披露语言的定义

广告披露与内容披露的界定在学术领域尚未达成一致。在法律法规中，广告披露或内容披露通常为监管机构和广告从业者制定社交媒体广告政策标准和指南的关键内容，其目的在于避免消费者对广告和非广告内容的潜在混淆，以保障消费者免受社交媒体上商业信息的误导。随着移动网络和新媒体技术的不断演进，新的广告形式不断涌现，强调与媒体内容和形式紧密契合的原生广告一直处于监管的模糊边界。

为了加强对广告的全面监管，2020 年我国修订后的《广告法》对广告进行了严格规范，将广告定义为商品经营者或服务提供者通过特定媒介和形式直接或间接介绍其所推销商品或服务的商业广告行为。此规定表明，无论广告采用何种形式，只要其涉及商品或服务的推销行为，均被视为广告活动。然而，国外关于广告披露的研究主要基于广告法规的背景，尚未对"广告披露"的概念进行明确的界定。通常，广告和赞助商信息披露的常见元素包括标签、语言、广告来源、赞助商 Logo 和赞助商名称等。当这些元素中的一个或多个呈现给消费者时，有关广告内容的披露变得相对清晰（王清和田伊琳，2020）。

从具体角度而言，披露语言形式可以分为三类：首先是声明披露，即在广告中明确声明与广告有关的信息，如广告的赞助商、广告的目的等。其次是标识披露，这是通过特定的标识符号或图标来表示广告性质，例如"Sponsored"（赞助）或"Ad"（广告）。最后是声明与标识相结合的披露，这种方式将声明披露与标识披露结合起来使用，以提供更加明确的广告披露信息。基于上述分类，披露语言可被定义为广告中使用的语言形式，其目的在于揭示或展示广告的真实性、商业关系、赞助来源或其他与广告相关的信息。披露语言的存在有助于消费者识别广告信息，为其提供更为清晰的信息基础，从而促使消费者做出知情且理性的决策（Wojdynski & Evans，2016）。

关于广告披露的影响，说服知识模型认为，个体在一生中积累了关于说服策略的知识，当面对广告或销售信息的说服尝试时，消费者会运用这些知识来分析和辨别信息。明确的赞助披露信息很可能会激活消费者的说服知识，从而引发一系列后续反应。广告商在向消费者进行诚信披露有关赞助信息时，明确传达信息的商业目的，能帮助消费者区分商业赞助内容和非商业赞助内容，这有助于消费者理解媒体编辑内容的真实性（Carr & Hayes，2014），进而激发其说服知识。广告披露有助于消费者识别和感知付费商业信息，甚至可能改变赞助信息的说服效果（Wojdynski，Evans & Hoy，2016；Wojdynski & Evans，2016）

二、广告披露语言对消费者的广告态度和行为意向的影响

广告效应层级理论（Advertising hierarchy-of-effect Theory）认为，广告态度对消费者的品牌态度和购买意愿产生了直接且显著的影响（Bruner，Gordon & Kumar，2000）。该理论描绘了一个有序的线性影响过程，其内涵涵盖了认知、情感和意愿三个阶段。首先是认知阶段，即广告通过引起消费者的注意来激发认知；其次是情感阶段，即广告激发消费者情感体验；最后是意愿阶段，即广告引发消费者的行为变化（Barry & Howard，1990）。在其中，广告的呈现方式、语言、位置以及时长等变量都具有影响消费者对外部刺激的感知反应的作用，能影响消费者的广告态度和行为意向。产品和品牌广告通过认知和情感过程影响消费者的态度，而作为传递产品或品牌相关描述性或说服性信息的广告语言在此过程中具有重要的作用。

广告披露是指向消费者提供额外信息，以增强对广告内容的辨识度，

并促使消费者对广告特征进行判断。根据说服知识模型,个体一生都在发展关于说服策略的认知,并将其应用于未来的广告或销售信息的说服尝试中。广告商提供明确的披露信息,例如在文章显眼位置标注"此内容为赞助内容",可能激活消费者的说服知识并引发随后的反应。研究显示,广告提供公正性披露明显地影响消费者相关的态度和行为意向。广告披露信息可以激发说服知识,改变赞助内容的说服力,协助消费者辨识和感知原生广告,从而改变赞助内容的说服结果(Wojdynski & Evans,2016)。例如,在广告游戏的背景下,广告公正性披露可以激活消费者的说服知识(van Reijmersdal 等,2015),促使消费者更好地理解博客文章的内容(Carr & Hayes,2014),提升产品评论的可信度,进而改变原有品牌态度(Stubb & Colliander,2019)。

因此,本书提出如下假设:

H1:在软文原生广告中,广告披露语言状态可以影响消费者态度和行为意向。

H1a:与无广告披露语言相比,提供广告披露语言会提高消费者的广告态度;

H1b:与无广告披露语言相比,提供广告披露语言会提高消费者的品牌态度;

H1c:与无广告披露语言相比,提供广告披露语言会提高消费者的平台态度;

H1d:与无广告披露语言相比,提供广告披露语言会提高消费者的购买意愿;

H1e:与无广告披露语言相比,提供广告披露语言会提高消费者的分享意愿。

H2:在软文原生广告中,广告披露语言的类型可以影响消费者态度和行为意向。

H2a:与隐性广告披露语言,显性广告披露语言会提高消费者的广告态度;

H2b:与隐性广告披露语言,显性广告披露语言会提高消费者的品牌态度;

H2c:与隐性广告披露语言,显性广告披露语言会提高消费者的平台态度;

H2d：与隐性广告披露语言，显性广告披露语言会提高消费者的购买意愿；

H2e：与隐性广告披露语言，显性广告披露语言会提高消费者的分享意愿。

三、赞助透明度的中介作用

赞助透明度（sponsorship transparency）是指赞助沟通引发的使消费者注意到其付费性质和赞助商身份的程度（Wojdynski & Evans，2016）。赞助透明度概念的重要性在于其关注消费者对广告中的赞助关系的感知，即他们是否能准确识别广告内容与背后的赞助商之间的联系。为更好地理解赞助透明度的概念内涵，Wojdynski，Evans & Hoy（2018）在其开发的量表中确定了四个核心维度，包括品牌存在、赞助商清晰度、信息披露以及欺骗性。

消费者对于赞助商在揭示广告付费性质方面的透明度感知，可能会对其对广告的反应具有重要作用（Wojdynski，Evans & Hoy，2018）。赞助透明度可能影响消费者对广告和产品的评价。高度感知的赞助透明度可能会导致积极的广告评价（Eisend 等，2020），提升品牌形象评价（Boerman，Willemsen & Van Der Aa，2017），并鼓励积极的购买意愿（Eisend 等，2020）。

在广告情景中，赞助透明度作为可影响用户情绪和行为的重要变量，反映了消费者在识别了广告内容后对出现的赞助元素的看法。这些赞助元素包括广告赞助商的清晰度、品牌的明确度、沟通方式以及披露语言的类型和方式。消费者对这些赞助元素的感知是一种评估而非诊断，赞助透明度无法阐明消费者如何确认和识别广告内容。

原生广告作为一种广告形式，本身具有较强的形式欺骗属性。在广告经过提示语言披露后，赞助行为将被清晰化。赞助透明度提升有助于减轻广告识别的负面影响，可能会降低消费者的欺骗感知，进而影响消费者的态度与行为意向。

因此，本书提出如下假设：

H3：在软文原生广告中，赞助透明度在广告披露语言影响消费者态度和行为意向的过程中起中介作用。

H3a：赞助透明度在广告披露语言影响广告态度的过程中起中介作用；

H3b：赞助透明度在广告披露语言影响品牌态度的过程中起中介作用；

H3c：赞助透明度在广告披露语言影响平台态度的过程中起中介作用；

H3d：赞助透明度在广告披露语言影响购买意愿的过程中起中介作用；

H3e：赞助透明度在广告披露语言影响分享意愿的过程中起中介作用。

四、感知欺骗的中介作用

感知欺骗（perceived deception）是指个体对其所接触的广告在产品或服务的实际性能方面试图误导他并损害其利益的评估。感知欺骗概念涉及消费者如何感知广告内容，并可能对广告效果以及广告生态系统产生重要影响。

感知欺骗可能对消费者态度产生多重影响。先前研究表明，感知欺骗与广告态度之间存在负向关系（Kumkale，Albarracín & Seignourel，2010）。当消费者感知广告存在欺骗性时，他们更有可能对广告持消极评价。这不仅仅是对广告本身的评价，还涉及广告商在广告中的欺骗行为（Vohs，Baumeister & Chin，2007），消费者对于广告商在广告中使用欺骗性形式和手段常常表现出强烈的反感。此外，感知欺骗可能扩展到对广告平台的不信任（Riffe 等，2019）。当消费者感知广告中存在欺骗性时，他们可能会对广告平台产生怀疑，因为广告平台被视为广告内容的传播媒介，这种不信任可能对广告生态系统的稳定性具有负面影响。

同时，感知欺骗与购买意愿之间存在显著的负相关关系（Owen 等，2013）。如果消费者感到企业试图通过操纵或欺骗来影响他们，则他们更可能表现出消极的广告态度和购买行为。此外，感知欺骗较高的广告可能会对口碑传播产生负面影响，因为消费者可能会在社交媒体或朋友之间分享他们的负面广告体验（Wojdynski，Evans & Hoy，2018）。

原生广告常以与编辑内容相似的形式呈现，难以与非广告内容明确区分开来，因此其具有天生的形式欺骗属性。然而，广告商通过采用主动的披露语言，即明确标注广告的性质，可以提高广告的信息透明度。当观众明确知道他们正在观看广告时，他们更不容易感到受欺骗或被误导。这种透明性措施有助于降低消费者的感知欺骗程度，从而正向影响消费者的广告态度、品牌态度、平台态度以及购买意愿与分享意愿。

因此，本书提出如下假设：

H4：在软文原生广告中，感知欺骗在广告披露语言影响消费者态度和行为意向的过程中起中介作用。

    H4a：感知欺骗在广告披露语言影响广告态度的过程中起中介作用；

    H4b：感知欺骗在广告披露语言影响品牌态度的过程中起中介作用；

    H4c：感知欺骗在广告披露语言影响平台态度的过程中起中介作用；

    H4d：感知欺骗在广告披露语言影响购买意愿的过程中起中介作用；

    H4e：感知欺骗在广告披露语言影响分享意愿的过程中起中介作用。

五、说服知识的调节作用

广告披露语言在提高广告的赞助透明度方面具有显著作用，其使消费者更容易辨别广告的本质，并清楚了解广告内容的商业性质，从而有助于降低感知欺骗的程度（Campbell，Mohr & Verlegh，2013）。此外，披露语言还有助于提高广告的可信度，显示出广告商具有诚信和透明的意愿（Kim & Hancock，2017）。

消费者的说服知识水平反映了他们在处理广告信息和做出判断方面的能力（Friestad & Wright，1994）。具有高水平说服知识的消费者更具备批判性思维和信息处理技能，他们更有可能识别广告披露语言并理解其含义，分析其对广告的影响。相反，具有低水平说服知识的消费者可能对广告披露语言不太敏感，也不太能够理解其重要性（Friestad & Wright，1994）。

说服知识的存在有助于消费者对原生广告进行有利的评价。例如，拥有更多相关知识的个体在说服情景中更容易激活说服知识（Waiguny，Nelson & Terlutter，2014），而知识渊博的人更容易辨别出说服意图（Wright，Friestad & Boush，2005）。消费者的说服知识水平越高，越容易理解广告的意图、明确其传播目的，并减少欺骗感知，进而更有可能对商家品牌形象持有积极态度。

因此，具有高水平说服知识的消费者更能够理解广告披露语言的含义，认识到广告的商业性质以及披露语言对广告可信度的影响。因此，他们可能更积极地回应广告，表现出更积极的广告态度、品牌态度、平台态度、购买意愿和分享意愿。相反，具有低水平说服知识的消费者可能对广告披露语言不太敏感，也不太能够理解其重要性。对于这些消费者来说，广告披露语言可能对其的广告态度的影响不太显著，因为他们可能更受其他因素的影响，如广告内容的吸引力或情感因素。

因此，本书提出如下假设：

H5：在原生广告中，说服知识水平对广告披露语言影响消费者态度和行为意向起调节作用。

H5a：当消费者具有高说服知识水平时，提供广告披露语言的广告态度显著高于无广告披露语言，当消费者具有低说服知识水平时，广告披露语言对广告态度的影响不显著；

H5b：当消费者具有高说服知识水平时，提供广告披露语言的品牌态度显著高于无广告披露语言，当消费者具有低说服知识水平时，广告披露语言对品牌态度的影响不显著；

H5c：当消费者具有高说服知识水平时，提供广告披露语言的平台态度显著高于无广告披露语言，当消费者具有低说服知识水平时，广告披露语言对平台态度的影响不显著；

H5d：当消费者具有高说服知识水平时，提供广告披露语言的购买意愿显著高于无广告披露语言，当消费者具有低说服知识水平时，广告披露语言对购买意愿的影响不显著；

H5e：当消费者具有高说服知识水平时，提供广告披露语言的分享意愿显著高于无广告披露语言，当消费者具有低说服知识水平时，广告披露语言对分享意愿的影响不显著。

第三节 研究设计

本研究主要检验广告披露语言状态（有 vs 无）以及广告披露语言类型（显性披露 vs 隐性披露）对消费者态度（广告态度、品牌态度和平台态度）和行为意向（购买意愿和分享意愿）的影响，赞助透明度和感知欺骗的中介作用，以及说服知识水平的调节作用。本研究分别采用 2（广告披露语言：有 vs 无）×2（广告披露语言类型：显性披露 vs 隐性披露）的组间因素设计，下面将通过 2 个实验检验概念模型和研究假设。本研究概念模型见图 7-1。

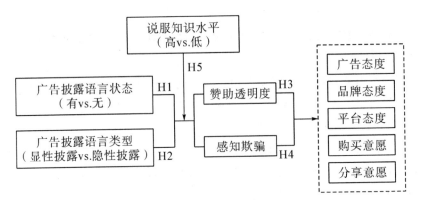

图 7-1　研究三概念模型

第四节　实验一

实验一旨在考察广告披露语言的主效应（假设1）、广告披露语言类型的主效应（假设2），赞助透明度和感知欺骗的中介作用（假设3和假设4），采用2（广告披露语言：有 vs 无）×2（广告披露语言类型：显性披露 vs 隐性披露）的组间因素设计。

广告披露语言与广告披露语言类型通过实验操控实现，即显性披露语言、隐性披露语言以及无披露语言。在被试接受刺激过程中，除自变量根据实验目的进行操控外，刺激物的整体呈现方式均保持一致，以尽量避免无关变量的影响。

一、实验设计

1. 产品刺激物设计

根据研究一前测结果，实验一选择某品牌"速溶咖啡"作为产品刺激物，其功能属性和享乐属性基本一致，享乐属性略高于功能属性。同时，速溶咖啡对于大学生群体是一种常见的食品，其广告在消费者中具有一定的代表性。因此，本研究可以很好地控制实验条件，以便观察广告披露语言的主效应、广告披露语言类型的主效应、赞助透明度和感知欺骗的中介作用，以及说服知识的调节作用。同时，本研究为避免品牌熟悉度变量的干扰，选取知名度较低的产品品牌。

2. 实验情景设计

为提高实验情景的还原性，实验材料的内容设计参考社区产品故事和推荐信息（如知乎、小红书等），根据实验需要进行内容整合，并选择知识问答社区"知乎"作为软文原生广告的发布情景。"知乎"具备社交媒体的真实性与互动性特征，因此被选为此次测试广告的媒介。本研究的刺激物和背景素材均是从"知乎"上发表的真实的软文原生广告中发展而来的。

为确保广告内容贴近真实生活情景，本研究在"知乎"社交平台搜索"速溶咖啡"的用户评论与推荐信息，进行初步筛选并修改。鉴于广告披露语言存在不同的表达形式，本研究模拟真实情境，按照知乎平台软文原生广告的表现形式进行设计，将显性披露语言组表达为"本产品为品牌广告"，将隐性披露语言组表达为"本产品为品牌推广"，将无披露语言组不提供任何披露语言。

3. 量表设计

研究三使用量表与研究一量表保持一致，实验用量表都是经过信度和效度检验的成熟量表，主要用于测量广告态度、品牌态度、平台态度、购买意愿、分享意愿、赞助透明度、感知欺骗以及感知内容质量与品牌熟悉度等因素。问卷的最后部分要求被试完善个人相关的统计信息，包括样本分布情况和对原生广告的知晓情况，这将有助于更好地理解研究的背景和特征。

二、实验程序

本研究共招募 160 名被试，均为合肥市某综合性高校的师生。这些被试被随机分配到两个不同的实验组中进行实验。两个实验相互独立且同时进行。其中，有 5 份问卷因为填写遗漏或错误，以及连续 15 题选项完全相同，被认定为无效，最终 155 名被试的数据参与统计，其中，男性 59 名，女性 96 名。样本人口统计特征描述见表 7-1。

为确保研究的科学性，以及避免被试猜测实验的真正目的，被试被告知这项研究旨在探讨消费者在网络购物环境下的行为。之后，被试被要求阅读一个情景材料，其中描述："某天当您打开'知乎'，搜索适合年轻人的'速溶咖啡'相关推荐问题，随后出现一则用户的分享回答，浏览到以下内容……请根据您当下感受，对下列问题打分"。

根据研究设计，155 名被试分成了三组，并被随机分配到三个不同的实验情景中。实验设计参考 Campbell 和 Evans（2018）的研究，并根据需要进行了相应的调整。被试被随机分配到三组软文原生广告页面中，每组观看的广告页面具有相同的实验情景，但呈现了不同的广告信息。三组广告分别是实验组 A（显性披露语言）、实验组 B（隐性披露语言）、实验组 C（无披露语言）。三组软文原生广告页面中，除页面中的披露语言不同外，页面的内容、整体外观保持一致（实验刺激物见附录 C）。

表 7-1　样本人口统计特征描述

类别	题项	频数	百分比/%
性别	男	59	38.06
	女	96	61.94
年龄	18 岁及以下	3	1.94
	19~25 岁	149	96.13
	26~30 岁	1	0.65
	30 岁以上	2	1.29
月可支配收入	1 000 元以下	33	21.29
	1 001~3 000 元	112	72.26
	3 001~5 000 元	7	4.52
	5 001 元以上	3	1.94
原生广告知晓度	是	81	52.26
	否	74	47.74

三、实验结果

1. 实验操控检验

为避免软文原生广告内容质量和产品刺激物的品牌熟悉度对实验结果产生干扰，本研究检验不同实验组软文原生广告感知内容质量和品牌熟悉度的差异，以保证实验控制的有效性。

单变量方差（ANOVA）分析表明，显性披露语言、隐性披露语言与无披露语言的三组原生广告的感知内容质量 [$M_{显性披露}$ = 4.28，$SD_{显性披露}$ = 1.106；$M_{隐性披露}$ = 4.19，$SD_{隐性披露}$ = 1.295；$M_{无披露}$ = 3.91，$SD_{无披露}$ = 1.195；$F_{(2, 152)}$ = 1.334；p = 0.266] 和品牌熟悉度 [$M_{显性披露}$ = 3.73，$SD_{显性披露}$ = 1.464；$M_{隐性披露}$ = 3.88，$SD_{隐性披露}$ = 1.485；$M_{无披露}$ =

3.55，SD$_{无披露}$ = 1.449；F（2，152） = 0.713；p = 0.525〕无显著差异，说明三组软文原生广告的感知内容质量和品牌熟悉度对实验结果不会产生显著性干扰，表明研究设计中情景实验材料操控成功（见表7-2）。

表7-2　实验操控检验

因变量	分组变量	选项	M	SD	F	p
感知内容质量	广告披露语言	显性披露	4.28	1.106	1.334	0.266
		隐性披露	4.19	1.295		
		无披露	3.91	1.195		
品牌熟悉度		显性披露	3.73	1.464	0.648	0.525
		隐性披露	3.88	1.485		
		无披露	3.55	1.449		

2. 假设检验

（1）广告披露语言状态（有 vs 无）对消费者态度和行为意向的影响

①广告披露语言状态对广告态度的影响。

为检验广告披露语言状态对广告态度的影响，本研究以广告披露语言状态（有 vs 无）为自变量，以广告态度为因变量，进行单变量方差分析。分析结果显示，两组软文原生广告中的消费者广告态度存在显著差异〔M$_{有披露}$ = 4.47，SD$_{有披露}$ = 1.173；M$_{无披露}$ = 3.50，SD$_{无披露}$ = 1.171；F（1，153） = 23.290；p<0.001〕。以上结果表明，有无广告披露语言的两组软文原生广告的广告态度存在显著差异，假设H1a得到支持。

②广告披露语言状态（有 vs 无）对品牌态度的影响。

为检验广告披露语言状态对品牌态度的影响，本研究以广告披露语言状态（有 vs 无）为自变量，以品牌态度为因变量，进行单变量方差分析。分析结果显示，两组软文原生广告中的消费者品牌态度存在显著差异〔M$_{有披露}$ = 4.56，SD$_{有披露}$ = 1.186；M$_{无披露}$ = 3.73，SD$_{无披露}$ = 1.170；F（1，153） = 16.913；p<0.001〕。以上结果表明，有无广告披露语言的两组软文原生广告的品牌态度存在显著差异，假设H1b得到支持。

③广告披露语言状态（有 vs 无）对平台态度的影响。

为检验广告披露语言状态对平台态度的影响，本研究以广告披露语言状态（有 vs 无）为自变量，以平台态度为因变量，进行单变量方差分析。

分析结果显示，两组软文原生广告中的消费者平台态度存在显著差异 [$M_{有披露}$ = 4.48, $SD_{有披露}$ = 1.149; $M_{无披露}$ = 3.56, $SD_{无披露}$ = 1.184; F (1, 153) = 21.476; $p<0.001$]。以上结果表明，有无广告披露语言的两组软文原生广告的平台态度存在显著差异，假设 H1c 得到支持。

④广告披露语言状态（有 vs 无）对购买意愿的影响。

为检验广告披露语言状态对购买意愿的影响，本研究以广告披露语言状态（有 vs 无）为自变量，以购买意愿为因变量，进行单变量方差分析。分析结果显示，两组软文原生广告的消费者购买意愿存在显著差异 [$M_{有披露}$ = 4.08, $SD_{有披露}$ = 1.280; $M_{无披露}$ = 3.17, $SD_{无披露}$ = 1.136; F (1, 153) = 18.503; $p<0.001$]。以上结果表明，有无广告披露语言的两组软文原生广告的购买意愿存在显著差异，假设 H1d 得到支持。

⑤广告披露语言状态（有 vs 无）对分享意愿的影响。

为检验广告披露语言状态对分享意愿的影响，本研究以广告披露语言状态（有 vs 无）为自变量，以分享意愿为因变量，进行单变量方差分析。分析结果显示，两组软文原生广告的消费者分享意愿存在显著差异 [$M_{有披露}$ = 3.71, $SD_{有披露}$ = 1.625; $M_{无披露}$ = 2.65, $SD_{无披露}$ = 1.327; F (1, 153) = 16.386; $p<0.001$]。以上结果表明，有无广告披露语言的两组软文原生广告的分享意愿存在显著差异，假设 H1e 得到支持（见表 7-3）。

表 7-3 广告披露语言状态（有 vs 无）对消费者态度和行为意向的影响

因变量	分组变量	选项	M	SD	F	p
广告态度	广告披露语言	有披露	4.47	1.173	23.290	0.000
		无披露	3.50	1.171		
品牌态度		有披露	4.56	1.186	16.913	0.000
		无披露	3.73	1.170		
平台态度		有披露	4.48	1.149	21.476	0.000
		无披露	3.56	1.184		
购买意愿		有披露	4.08	1.280	18.503	0.000
		无披露	3.17	1.136		
分享意愿		有披露	3.71	1.625	16.386	0.000
		无披露	2.65	1.327		

（2）广告披露语言的类型（显性披露 vs 隐性披露）对消费者态度和行为意向的影响

①广告披露语言（显性披露 vs 隐性披露）对广告态度的影响。

为检验广告披露语言的类型对广告态度的影响，本研究以广告披露语言（显性披露 vs 隐性披露）为自变量，以广告态度为因变量，进行单变量方差分析。分析结果显示，两组软文原生广告中的消费者广告态度存在显著差异 [$M_{显性披露}$ = 4.76，$SD_{显性披露}$ = 1.068；$M_{隐性披露}$ = 4.18，$SD_{隐性披露}$ = 1.211；$F_{(1, 101)}$ = 6.552；$p<0.05$]。以上结果表明，显性和隐性披露语言的两组软文原生广告的广告态度存在显著差异，假设 H2a 得到支持。

②广告披露语言（显性披露 vs 隐性披露）对品牌态度的影响。

为检验广告披露语言的类型对品牌态度的影响，本研究以广告披露语言（显性披露 vs 隐性披露）为自变量，以品牌态度为因变量，进行单变量方差分析。分析结果显示，两组软文原生广告中的消费者品牌态度存在显著差异 [$M_{显性披露}$ = 4.82，$SD_{显性披露}$ = 1.186；$M_{隐性披露}$ = 4.30，$SD_{隐性披露}$ = 1.140；$F_{(1, 101)}$ = 5.064；$p<0.05$]。以上结果表明，显性和隐性披露语言的两组软文原生广告的品牌态度存在显著差异，假设 H2b 得到支持。

③广告披露语言（显性披露 vs 隐性披露）对平台态度的影响。

为检验广告披露语言的类型对平台态度的影响，本研究以广告披露语言（显性披露 vs 隐性披露）为自变量，以平台态度为因变量，进行单变量方差分析。分析结果显示，两组软文原生广告中的消费者平台态度存在显著差异 [$M_{显性披露}$ = 4.72，$SD_{显性披露}$ = 1.128；$M_{隐性披露}$ = 4.24，$SD_{隐性披露}$ = 1.130；$F_{(1, 101)}$ = 4.563；$p<0.05$]。以上结果表明，显性和隐性披露语言的两组软文原生广告的平台态度存在显著差异，假设 H2c 得到支持。

④广告披露语言（显性披露 vs 隐性披露）对购买意愿的影响。

为检验广告披露语言的类型对购买意愿的影响，本研究以广告披露语言（显性披露 vs 隐性披露）为自变量，以购买意愿为因变量，进行单变量方差分析。分析结果显示，两组软文原生广告的消费者购买意愿存在显著差异 [$M_{显性披露}$ = 4.29，$SD_{显性披露}$ = 1.166；$M_{隐性披露}$ = 3.87，$SD_{隐性披露}$ = 1.360；$F_{(1, 101)}$ = 2.890；p = 0.092]。以上结果表明，显性和隐性披露语言的两组软文原生广告的购买意愿无显著差异，假设 H2d 未得到支持。

⑤广告披露语言对分享意愿的影响。

为检验广告披露语言的类型对分享意愿的影响，本研究以广告披露语言（显性披露 vs 隐性披露）为自变量，以分享意愿为因变量，进行单变量方差分析。分析结果显示，两组软文原生广告的消费者分享意愿存在显著差异 $[M_{显性披露} = 4.02，SD_{显性披露} = 1.393；M_{隐性披露} = 3.40，SD_{隐性披露} = 1.785；F (1，101) = 3.800；p = 0.054]$。以上结果表明，显性和隐性披露语言的两组软文原生广告的分享意愿无显著差异，假设 H2e 未得到支持（见表7-4）。

表7-4　广告披露语言（显性披露 vs 隐性披露）对消费者态度和行为意向的影响

因变量	分组变量	选项	M	SD	F	p
广告态度	广告披露语言类型	显性披露	4.76	1.068	6.552	0.012
		隐性披露	4.18	1.211		
品牌态度		显性披露	4.82	1.186	5.064	0.027
		隐性披露	4.30	1.140		
平台态度		显性披露	4.72	1.128	4.563	0.035
		隐性披露	4.24	1.130		
购买意愿		显性披露	4.29	1.166	2.890	0.092
		隐性披露	3.87	1.360		
分享意愿		显性披露	4.02	1.393	3.800	0.054
		隐性披露	3.40	1.785		

（3）赞助透明度的中介作用

为进一步检验赞助透明度对广告披露语言影响广告态度、品牌态度、平台态度，以及购买意愿和分享意愿过程的中介作用，本研究参照 Hayes（2004）提出的 Bootstrap 方法，使用中介效应 PROCESS 3.5 分析程序进行中介效应检验，在 5 000 样本量，水平选择为 4，以及 95% 置信区间情况下：

①赞助透明度对广告披露语言影响广告态度的中介检验结果不包含 0（LLCI = -0.788，ULCI = -0.182），且中介效应大小为-0.467；控制中介变量后，广告披露语言对广告态度的影响显著，区间（LLCI = -0.799，ULCI = -0.191）不包含 0，因此，赞助透明度在广告披露语言影响广告态

度的过程中发挥了中介作用，且为不完全中介变量，假设 H3a 得到支持。

②赞助透明度对广告披露语言影响品牌态度的中介检验结果不包含 0（LLCI = −0.761，ULCI = −0.173），且中介效应大小为−0.457；控制中介变量后，广告披露语言对品牌态度的影响显著，区间（LLCI = −0.681，ULCI = −0.056）不包含 0，因此，赞助透明度在广告披露语言影响品牌态度的过程中发挥了中介作用，且为不完全中介变量，假设 H3b 得到支持。

③赞助透明度对广告披露语言影响平台态度的中介检验结果不包含 0（LLCI = −0.737，ULCI = −0.173），且中介效应大小为−0.444；控制中介变量后，广告披露语言对平台态度的影响显著，区间（LLCI = −0.782，ULCI = −0.161）不包含 0，因此，赞助透明度在广告披露语言影响平台态度的过程中发挥了中介作用，且为不完全中介变量，假设 H3c 得到支持。

④赞助透明度对广告披露语言影响购买意愿的中介检验结果不包含 0（LLCI = −0.788，ULCI = −0.195），且中介效应大小为−0.478；控制中介变量后，广告披露语言对购买意愿的影响显著，区间（LLCI = −0.751，ULCI = −0.098）不包含 0，因此，赞助透明度在广告披露语言影响购买意愿影响的过程中发挥了中介作用，且为不完全中介变量，假设 H3d 得到支持。

⑤赞助透明度对广告披露语言影响分享意愿的中介检验结果不包含 0（LLCI = −0.843，ULCI = −0.203），且中介效应大小为−0.494；控制中介变量后，广告披露语言对分享意愿的影响显著，区间（LLCI = −1.011，ULCI = −0.111）不包含 0，因此，赞助透明度在广告披露语言影响分享意愿影响的过程中发挥了中介作用，且为不完全中介变量，假设 H3e 得到支持。

（4）感知欺骗的中介作用

为进一步检验感知欺骗对广告披露语言影响广告态度、品牌态度、平台态度，以及购买意愿和分享意愿过程的中介作用，本研究参照 Hayes（2004）提出的 Bootstrap 方法，使用中介效应 PROCESS 3.5 分析程序进行中介效应检验，在 5 000 样本量，水平选择为 4，以及 95% 置信区间情况下：

①感知欺骗对广告披露语言影响广告态度的中介检验结果不包含 0（LLCI = −0.707，ULCI = −0.166），且中介效应值为−0.426；控制中介变量后，广告披露语言对广告态度的影响显著，区间（LLCI = −0.845，

ULCI = −0.228）不包含 0，因此，感知欺骗在广告披露语言影响广告态度的过程中发挥了中介作用，且为不完全中介变量，假设 H4a 得到支持。

②感知欺骗对广告披露语言影响品牌态度的中介检验结果不包含 0（LLCI = −0.581，ULCI = −0.115），且中介效应值为−0.323；控制中介变量后，广告披露语言对品牌态度的影响显著，区间（LLCI = −0.861，ULCI = −0.145）不包含 0，因此，感知欺骗在广告披露语言影响品牌态度的过程中发挥了中介作用，且为不完全中介变量，假设 H4b 得到支持。

③感知欺骗对广告披露语言影响平台态度的中介检验结果不包含 0（LLCI = −0.597，ULCI = −0.128），且中介效应值为−0.334；控制中介变量后，广告披露语言对平台态度的影响显著，区间（LLCI = −0.927，ULCI = −0.235）不包含 0，因此，感知欺骗在广告披露语言影响平台态度的过程中发挥了中介作用，且为不完全中介变量，假设 H4c 得到支持。

④感知欺骗对广告披露语言影响购买意愿的中介检验结果不包含 0（LLCI = −0.610，ULCI = −0.133），且中介效应值为−0.345；控制中介变量后，广告披露语言对购买意愿的影响显著，区间（LLCI = −0.929，ULCI = −0.186）不包含 0，因此，感知欺骗在广告披露语言影响购买意愿影响的过程中发挥了中介作用，且为不完全中介变量，假设 H4d 得到支持。

⑤感知欺骗对广告披露语言影响分享意愿的中介检验结果不包含 0（LLCI = −0.712，ULCI = −0.168），且中介效应值为−0.421；控制中介变量后，广告披露语言对分享意愿的影响显著，区间（LLCI = −1.098，ULCI = −0.170）不包含 0，因此，感知欺骗在广告披露语言影响分享意愿影响的过程中发挥了中介作用，且为不完全中介变量，假设 H4e 得到支持。

四、实验结论

实验一检验结果表明，软文原生广告中是否提供广告披露语言以及广告披露语言的类型对消费者态度和行为意向具有显著影响。具体表现在，提供广告披露语言比不提供广告披露语言更能促进消费者产生积极的广告态度、品牌态度、平台态度，以及购买意愿和分享意愿，假设 H1 得到支持。同时，显性披露语言比隐性披露语言更能促使消费者产生广告态度、品牌态度、平台态度，假设 H2 得到部分支持。

同时，赞助透明度在广告披露语言对消费者态度和行为意向的影响中起中介作用，显著影响着消费者的广告态度、品牌态度、平台态度，以及购买意愿和分享意愿，假设 H3 得到支持。感知欺骗广告披露语言对消费者态度和行为意向的影响中起中介作用，显著影响着消费者的广告态度、品牌态度、平台态度，以及购买意愿和分享意愿，假设 H4 得到支持。

然而，实验一的产品刺激物设计存在部分不足，虽然通过前测选择功能价值与享乐价值相当的"速溶咖啡"为刺激物，但"速溶咖啡"产品相对侧重享乐价值，不能排除其对消费者态度和行为意向的影响，后续实验将弥补此不足。此外，消费者在浏览和阅读软文原生广告过程中，广告披露语言对消费者态度和行为意向的影响可能受到消费者拥有的说服知识的影响，实验二将检验说服知识的调节作用。

第五节　实验二

实验二旨在考察广告披露语言有无（假设1），赞助透明度和感知欺骗的中介作用（假设3和假设4），以及说服知识的调节作用（假设5），采用 2（广告披露语言：有 vs 无）×2（说服知识：高 vs 低）组间因素设计。

广告披露语言通过实验操控实现，即软文原生广告提供披露语言和软文原生广告无披露语言。说服知识水平是需要测量而非被操控的。在被试接受刺激过程中，除自变量根据实验目的进行操控外，刺激物的整体呈现方式均保持一致，以尽量避免无关变量的影响。

一、实验设计

1. 产品刺激物设计

根据实验一前测结果，实验二选择某品牌"电动牙刷"作为产品刺激物，不同于"速溶咖啡"享乐属性略高，"电动牙刷"的功能属性和享乐属性基本一致。同时，电动牙刷对于大学生群体是一种常见的生活用品，其广告在消费者中具有一定的代表性。因此，本研究可以很好地控制实验条件，以便观察广告披露语言的主效应、赞助透明度和感知欺骗的中介作用，以及说服知识的调节作用。同时，本研究为避免品牌熟悉度变量的干扰，选取知名度较低的产品品牌。

2. 实验情景设计

实验二的情景设计旨在与现实的原生广告浏览情景保持一致，以便更好地探究原生广告和展示广告在"知乎"社交平台上的效应。实验二与实验一的模拟情景相似，同样使用"知乎"作为测试广告媒介。本研究的刺激物和背景素材均是从"知乎"上发表的真实的原生广告中发展而来的。

为了确保广告内容与真实情景相符，实验二在知乎上搜索了关于"电动牙刷"的用户评论和推荐信息，并进行初步筛选和修改，以满足研究需要。同时，鉴于伴随购买链接存在不同表达形式，本研究模拟真实情境，按照知乎平台软文原生广告的表现形式进行设计，将有披露语言组表达为"品牌赞助"，将无披露语言组不提供任何披露语言。

3. 量表设计

实验二量表与实验一量表一致，实验用量表都是经过信度和效度检验的成熟量表，主要用于测量广告态度、品牌态度、购买意愿、赞助透明度、品牌熟悉度以及感知内容质量等因素。问卷的最后部分要求被试完善个人相关的统计信息，包括样本分布情况和对原生广告的知晓情况，这将有助于人们更好地理解研究的背景和特征。由于说服知识是消费者应对说服尝试而发展形成的知识（Friestad & Wright，1994），变量操控难度相对较大，故而本研究参考 Bearden，Hardesty 和 Rose（2001）的说服知识水平量表，并根据中文语境翻译成更贴切的量表题项，以充分合理地验证假设。

二、实验程序

实验二的操作程序与实验一保持一致，共招募 105 名被试，均为合肥市某综合性高校的师生。这些被试被随机分配到两个不同的实验组中进行实验。两个实验相互独立且同时进行。其中，有 2 份问卷因为填写遗漏或错误，以及连续 15 题选项完全相同，被认定为无效，最终 103 名被试的数据参与统计，其中，男性 50 名，女性 53 名。样本人口统计特征描述见表 7-5。

同时，为避免被试猜测实验的真正目的，被试被告知这项研究旨在探讨网络购物环境下的消费者行为。之后，被试被要求阅读一个情景材料，其中描述：被试被要求阅读一个情景材料，其中描述："某天当您打开'知乎'，搜索适合年轻人的'电动牙刷'相关推荐问题，随后出现一则用户的分享回答，浏览到以下内容……请根据您当下感受，对下列问题打分"。

根据研究设计，103 名被试分成了两组，并被随机分配到两个不同的实验情景中。实验设计参考 Campbell 和 Evans（2018）的研究，并根据需要进行了相应的调整。被试被随机分配到两组软文原生广告页面中，每组观看的广告具有相同的实验情景，但呈现了不同的广告信息。两组广告分别是实验组 A（有披露语言）、实验组 B（无披露语言）。两组软文原生广告页面中，除页面中的披露语言不同外，页面的内容、整体外观保持一致（实验刺激物见附录 C）。

表 7-5　样本人口统计特征描述

类别	题项	频数	百分比/%
性别	男	50	48.54
	女	53	51.46
年龄	18 岁及以下	5	4.85
	19~25 岁	92	89.32
	26~30 岁	5	4.85
	30 岁以上	1	0.97
月可支配收入	1 000 元以下	17	16.50
	1 001~3 000 元	75	72.82
	3 001~5 000 元	7	6.80
	5 001 元以上	4	3.88
原生广告知晓度	是	66	64.08
	否	37	35.92

三、实验结果

1. 实验控制检验

为避免软文原生广告内容质量和产品刺激物的品牌熟悉度对实验结果产生干扰，本研究检验不同实验组软文原生广告感知内容质量和品牌熟悉度的差异，以保证实验控制的有效性。

单变量方差（ANOVA）分析表明，广告披露语言状态（有 vs 无）两组原生广告的感知内容质量［$M_{有披露} = 4.51$，$SD_{有披露} = 1.167$；$M_{无披露} =$

4.36，SD$_{无披露}$ = 1.210；F（1，101）= 0.417；p = 0.520] 和品牌熟悉度 [M$_{有披露}$ = 3.26，SD$_{有披露}$ = 1.762；M$_{无披露}$ = 3.31，SD$_{无披露}$ = 1.510；F（1，101）= 0.025；p = 0.874] 无显著差异，说明两组软文原生广告的感知内容质量和品牌熟悉度对实验结果不会产生显著性干扰，研究设计中情景实验材料操控有效（见表7-6）。

表7-6　实验操控检验

因变量	分组变量	选项	M	SD	F	p
感知内容质量	广告披露语言	有披露	4.51	1.167	0.417	0.520
		无披露	4.36	1.210		
品牌熟悉度		有披露	3.26	1.762	0.025	0.874
		无披露	3.31	1.510		

2. 假设检验

（1）广告披露语言状态（有 vs 无）对消费者态度和行为意向的影响

①广告披露语言状态（有 vs 无）对广告态度的影响。

为检验广告披露语言状态对广告态度的影响，本研究以广告披露语言状态（有 vs 无）为自变量，以广告态度为因变量，进行单变量方差分析。分析结果显示，两组软文原生广告中的消费者广告态度存在显著差异 [M$_{有披露}$ = 4.42，SD$_{有披露}$ = 0.984；M$_{无披露}$ = 3.75，SD$_{无披露}$ = 1.248；F（1，103）= 9.266；p<0.01]。以上结果表明，有无广告披露语言的两组软文原生广告的广告态度存在显著差异，假设 H1a 得到支持。

②广告披露语言状态（有 vs 无）对品牌态度的影响。

为检验广告披露语言状态对品牌态度的影响，本研究以广告披露语言状态（有 vs 无）为自变量，以品牌态度为因变量，进行单变量方差分析。分析结果显示，两组软文原生广告中的消费者品牌态度存在显著差异 [M$_{有披露}$ = 4.60，SD$_{有披露}$ = 0.774；M$_{无披露}$ = 4.03，SD$_{无披露}$ = 1.274；F（1，103）= 7.549；p<0.01]。以上结果表明，有无广告披露语言的两组软文原生广告的品牌态度存在显著差异，假设 H1b 得到支持。

③广告披露语言状态（有 vs 无）对平台态度的影响。

为检验广告披露语言状态对平台态度的影响，本研究以广告披露语言状态（有 vs 无）为自变量，以平台态度为因变量，进行单变量方差分析。分析结果显示，两组软文原生广告中的消费者平台态度存在显著差异

$[M_{有披露} = 4.47, SD_{有披露} = 1.151; M_{无披露} = 3.74, SD_{无披露} = 1.339; F (1, 103) = 8.626; p<0.01]$。以上结果表明，有无广告披露语言的两组软文原生广告的平台态度存在显著差异，假设 H1c 得到支持。

④广告披露语言状态（有 vs 无）对购买意愿的影响。

为检验广告披露语言状态对购买意愿的影响，本研究以广告披露语言状态（有 vs 无）为自变量，以购买意愿为因变量，进行单变量方差分析。分析结果显示，两组软文原生广告的消费者购买意愿存在显著差异 $[M_{有披露} = 4.02, SD_{有披露} = 1.085; M_{无披露} = 3.45, SD_{无披露} = 1.038; F (1, 103) = 7.634; p<0.01]$。以上结果表明，有无广告披露语言的两组软文原生广告的购买意愿存在显著差异，假设 H1d 得到支持。

⑤广告披露语言状态（有 vs 无）对分享意愿的影响。

为检验广告披露语言状态对分享意愿的影响，本研究以广告披露语言状态（有 vs 无）为自变量，以分享意愿为因变量，进行单变量方差分析。分析结果显示，两组软文原生广告的消费者分享意愿存在显著差异 $[M_{有披露} = 3.80, SD_{有披露} = 1.678; M_{无披露} = 2.94, SD_{无披露} = 1.586; F (1, 103) = 7.093; p<0.01]$。以上结果表明，有无广告披露语言的两组软文原生广告的分享意愿存在显著差异，假设 H1e 得到支持（见表 7-7）。

表 7-7 广告披露语言状态（有 vs 无）对消费者态度和行为意向的影响

因变量	分组变量	选项	M	SD	F	p
广告态度	广告披露语言	有披露	4.42	0.984	9.266	0.003
		无披露	3.75	1.248		
品牌态度		有披露	4.60	0.774	7.549	0.007
		无披露	4.03	1.274		
平台态度		有披露	4.47	1.151	8.626	0.004
		无披露	3.74	1.339		
购买意愿		有披露	4.02	1.085	7.634	0.007
		无披露	3.45	1.038		
分享意愿		有披露	3.80	1.678	7.093	0.009
		无披露	2.94	1.586		

（2）赞助透明度的中介作用

为进一步检验赞助透明度对广告披露语言影响广告态度、品牌态度、平台态度，以及购买意愿和分享意愿过程的中介作用，本研究参照 Hayes（2004）提出的 Bootstrap 方法，使用中介效应 PROCESS 3.5 分析程序进行中介效应检验，在 5 000 样本量，水平选择为 4，以及 95% 置信区间情况下：

①赞助透明度对广告披露语言影响广告态度的中介检验结果不包含 0（LLCI = −0.929，ULCI = −0.222），且中介效应大小为−0.543；控制中介变量后，广告披露语言对广告态度的影响显著，区间（LLCI = −0.466，ULCI = 0.199）包含 0，因此，赞助透明度在广告披露语言影响广告态度的过程中发挥了中介作用，且为完全中介变量，假设 H3a 得到支持。

②赞助透明度对广告披露语言影响品牌态度的中介检验结果不包含 0（LLCI = −0.522，ULCI = −0.059），且中介效应大小为−0.243；控制中介变量后，广告披露语言对品牌态度的影响显著，区间（LLCI = −0.747，ULCI = 0.084）包含 0，因此，赞助透明度在广告披露语言影响品牌态度的过程中发挥了中介作用，且为完全中介变量，假设 H3b 得到支持。

③赞助透明度对广告披露语言影响平台态度的中介检验结果不包含 0（LLCI = −0.759，ULCI = −0.126），且中介效应大小为−0.394；控制中介变量后，广告披露语言对平台态度的影响显著，区间（LLCI = −0.792，ULCI = 0.131）不包含 0，因此，赞助透明度在广告披露语言影响平台态度的过程中发挥了中介作用，且为不完全中介变量，假设 H3c 得到支持。

④赞助透明度对广告披露语言影响购买意愿的中介检验结果不包含 0（LLCI = −0.717，ULCI = −0.164），且中介效应大小为−0.413；控制中介变量后，广告披露语言对购买意愿的影响显著，区间（LLCI = −0.528，ULCI = 0.197）包含 0，因此，赞助透明度在广告披露语言影响购买意愿影响的过程中发挥了中介作用，且为完全中介变量，假设 H3d 得到支持。

⑤赞助透明度对广告披露语言影响分享意愿的中介检验结果不包含 0（LLCI = −1.023，ULCI = −0.264），且中介效应大小为−0.614；控制中介变量后，广告披露语言对分享意愿的影响显著，区间（LLCI = −0.808，ULCI = 0.323）包含 0，因此，赞助透明度在广告披露语言影响分享意愿影响的过程中发挥了中介作用，且为完全中介变量，假设 H3e 得到支持。

（3）感知欺骗的中介作用

为进一步检验感知欺骗对广告披露语言影响广告态度、品牌态度、平台态度，以及购买意愿和分享意愿过程的中介作用，本研究参照 Hayes（2004）提出的 Bootstrap 方法，使用中介效应 PROCESS 3.5 分析程序进行中介效应检验，在 5 000 样本量，水平选择为 4，以及 95% 置信区间情况下：

①感知欺骗对广告披露语言影响广告态度的中介检验结果不包含 0（LLCI = −0.875，ULCI = −0.130），且中介效应值为−0.488；控制中介变量后，广告披露语言对广告态度的影响显著，区间（LLCI = −0.466，ULCI = 0.089）包含 0，因此，感知欺骗在广告披露语言影响广告态度的过程中发挥了中介作用，且为完全中介变量，假设 H4a 得到支持。

②感知欺骗对广告披露语言影响品牌态度的中介检验结果不包含 0（LLCI = −0.571，ULCI = −0.075），且中介效应值为−0.293；控制中介变量后，广告披露语言对品牌态度的影响显著，区间（LLCI = −0.654，ULCI = 0.091）包含 0，因此，感知欺骗在广告披露语言影响品牌态度的过程中发挥了中介作用，且为不完全中介变量，假设 H4b 得到支持。

③感知欺骗对广告披露语言影响平台态度的中介检验结果不包含 0（LLCI = −0.690，ULCI = −0.086），且中介效应值为−0.347；控制中介变量后，广告披露语言对平台态度的影响显著，区间（LLCI = −0.816，ULCI = 0.061）不包含 0，因此，感知欺骗在广告披露语言影响平台态度的过程中发挥了中介作用，且为不完全中介变量，假设 H4c 得到支持。

④感知欺骗对广告披露语言影响购买意愿的中介检验结果不包含 0（LLCI = −0.562，ULCI = −0.076），且中介效应值为−0.294；控制中介变量后，广告披露语言对购买意愿的影响显著，区间（LLCI = −0.656，ULCI = 0.088）包含 0，因此，感知欺骗在广告披露语言影响购买意愿影响的过程中发挥了中介作用，且为完全中介变量，假设 H4d 得到支持。

⑤感知欺骗对广告披露语言影响分享意愿的中介检验结果不包含 0（LLCI = −0.788，ULCI = −0.113），且中介效应值为−0.417；控制中介变量后，广告披露语言对分享意愿的影响显著，区间（LLCI = −1.027，ULCI = 0.147）包含 0，因此，感知欺骗在广告披露语言影响分享意愿影响的过程中发挥了中介作用，且为完全中介变量，假设 H4e 得到支持。

（4）说服知识的调节作用

①说服知识水平对广告披露语言状态（有 vs 无）影响广告态度的调节作用。

为检验广告披露语言状态（有 vs 无）的不同和说服知识水平（高 vs 低）的调节作用，本研究以广告披露语言状态（有 vs 无）和说服知识水平（高 vs 低）为自变量，以广告态度为因变量，进行双因素方差分析。结果表明，广告披露语言对广告态度主效应显著 [F (1, 99) = 9.356, $p<0.01$]；说服知识水平对广告态度的主效应不显著 [F (1, 99) = 1.237, p = 0.269]；广告披露语言和说服知识水平交互效应显著 [F (1, 99) = 5.790, $p<0.05$]。

简单效应结果表明，在消费者具有高说服知识水平条件下，未提供广告披露语言的软文原生广告的广告态度显著高于提供广告披露语言的软文原生广告的广告态度 [$M_{有披露}$ = 4.52, $SD_{有披露}$ = 0.956；$M_{无披露}$ = 3.28, $SD_{无披露}$ = 1.505；F (1, 54) = 14.170；$p<0.001$]；在消费者具有低说服知识水平条件下，未提供广告披露语言和未提供广告披露语言的软文原生广告的广告态度没有显著差异 [$M_{有披露}$ = 4.225, $SD_{有披露}$ = 1.045；$M_{无披露}$ = 4.08, $SD_{无披露}$ = 0.918；F (1, 45) = 0.25；p = 0.621]，假设 H5a 得到支持（见表7-8）。

表7-8　说服知识水平对广告披露语言影响广告态度的调节作用

因变量	调节变量	分组变量	选项	M	SD	F	p
广告态度	高说服知识	广告披露语言	有披露	4.52	0.956	14.170	0.000
	低说服知识		无披露	3.28	1.505		
广告态度	高说服知识	广告披露语言	有披露	4.23	1.045	0.248	0.621
	低说服知识		无披露	4.08	0.918		

②说服知识水平对广告披露语言影响品牌态度的调节作用。

为检验广告披露语言状态（有 vs 无）的不同和说服知识水平（高 vs 低）的调节作用，本研究以广告披露语言状态（有 vs 无）和说服知识水平（高 vs 低）为自变量，以品牌态度为因变量，进行双因素方差分析。结果表明，广告披露语言对品牌态度主效应显著 [F (1, 99) = 8.156, $p<0.01$]；说服知识水平对品牌态度的主效应不显著 [F (1, 99) = 2.052, p = 0.155]；广告披露语言和说服知识水平交互效应显著 [F (1,

99）＝ 7.372，p<0.01］。

简单效应结果表明，在消费者具有高说服知识水平的条件下，未提供广告披露语言的软文原生广告的品牌态度显著高于提供广告披露语言的软文原生广告的品牌态度［$M_{有披露}$ = 4.69，$SD_{有披露}$ = 0.715；$M_{无披露}$ = 1.497，$SD_{无披露}$ = 3.52；F（1，54）= 15.475；p<0.001］；在消费者具有低说服知识水平的条件下，未提供广告披露语言和未提供广告披露语言的软文原生广告的品牌态度没有显著差异［$M_{有披露}$ = 4.42，$SD_{有披露}$ = 0.882；$M_{无披露}$ = 4.39，$SD_{无披露}$ = 0.959；F（1，45）= 0.011；p = 0.919］，假设 H5b 得到支持（见表 7-9）。

表 7-9　说服知识水平对广告披露语言影响品牌态度的调节作用

因变量	调节变量	分组变量	选项	M	SD	F	p
品牌态度	高说服知识	广告披露语言	有披露	4.69	0.715	15.475	0.000
	低说服知识		无披露	3.52	1.497		
品牌态度	高说服知识	广告披露语言	有披露	4.42	0.882	0.011	0.919
	低说服知识		无披露	4.39	0.959		

③说服知识水平对广告披露语言影响平台态度的调节作用。

为检验广告披露语言状态（有 vs 无）的不同和说服知识水平（高 vs 低）的调节作用，本研究以广告披露语言状态（有 vs 无）和说服知识水平（高 vs 低）为自变量，以平台态度为因变量，进行双因素方差分析。结果表明，广告披露语言对平台态度主效应显著［F（1，99）= 9.992，p<0.01］；说服知识水平对平台态度的主效应不显著［F（1，99）= 3.103，p = 0.081］；广告披露语言和说服知识水平交互效应显著［F（1，99）= 4.746，p<0.05］。

简单效应结果表明，在消费者具有高说服知识水平的条件下，未提供广告披露语言的软文原生广告的平台态度显著高于提供广告披露语言的软文原生广告的平台态度［$M_{有披露}$ = 4.50，$SD_{有披露}$ = 1.105；$M_{无披露}$ = 3.17，$SD_{无披露}$ = 1.472；F（1，54）= 14.949；p<0.001］；在消费者具有低说服知识水平的条件下，未提供广告披露语言和未提供广告披露语言的软文原生广告的平台态度没有显著差异［$M_{有披露}$ = 4.40，$SD_{有披露}$ = 1.278；$M_{无披露}$ = 4.15，$SD_{无披露}$ = 1.085；F（1，45）= 0.478；p = 0.493］，假设 H5c 得到支持（见表 7-10）。

表 7-10　说服知识水平对广告披露语言影响平台态度的调节作用

因变量	调节变量	分组变量	选项	M	SD	F	p
平台态度	高说服知识	广告披露语言	有披露	4.50	1.105	14.949	0.000
	低说服知识		无披露	3.17	1.472		
平台态度	高说服知识	广告披露语言	有披露	4.40	1.278	0.478	0.493
	低说服知识		无披露	4.15	1.085		

④说服知识水平对广告披露语言影响购买意愿的调节作用。

为检验广告披露语言状态（有 vs 无）的不同和说服知识水平（高 vs 低）的调节作用，本研究以广告披露语言状态（有 vs 无）和说服知识水平（高 vs 低）为自变量，以购买意愿为因变量，进行双因素方差分析。结果表明，广告披露语言对购买意愿主效应显著 $[F(1, 99) = 6.596, p<0.05]$；说服知识水平对购买意愿的主效应不显著 $[F(1, 99) = 0.148, p = 0.701]$；广告披露语言和说服知识水平交互效应显著 $[F(1, 99) = 6.374, p<0.05]$。

简单效应结果表明，在消费者具有高说服知识水平的条件下，未提供广告披露语言的软文原生广告的购买意愿显著高于提供广告披露语言的软文原生广告的购买意愿 $[M_{有披露} = 4.17, SD_{有披露} = 1.060; M_{无披露} = 3.08, SD_{无披露} = 1.242; F(1, 54) = 12.285; p<0.001]$；在消费者具有低说服知识水平的条件下，未提供广告披露语言和未提供广告披露语言的软文原生广告的购买意愿没有显著差异 $[M_{有披露} = 3.71, SD_{有披露} = 1.105; M_{无披露} = 3.70, SD_{无披露} = 0.790; F(1, 45) = 0.001; p = 0.974]$，假设 H5d 得到支持（见表 7-11）。

表 7-11　说服知识水平对广告披露语言影响购买意愿的调节作用

因变量	调节变量	分组变量	选项	M	SD	F	p
购买意愿	高说服知识	广告披露语言	有披露	4.17	1.060	12.285	0.001
	低说服知识		无披露	3.08	1.242		
购买意愿	高说服知识	广告披露语言	有披露	3.71	1.105	0.001	0.974
	低说服知识		无披露	3.70	0.790		

⑤说服知识水平对广告披露语言影响分享意愿的调节作用。

为检验广告披露语言状态（有 vs 无）的不同和说服知识水平（高 vs 低）的调节作用，本研究以广告披露语言状态（有 vs 无）和说服知识水平（高 vs 低）为自变量，以分享意愿为因变量，进行双因素方差分析。结果表明，广告披露语言对分享意愿主效应显著 [$F_{(1, 99)}$ = 5.927，$p<0.01$]；说服知识水平对分享意愿的主效应不显著 [$F_{(1, 99)}$ = 0.078，p = 0.781]；广告披露语言和说服知识水平交互效应显著 [$F_{(1, 99)}$ = 7.592，$p<0.01$]。

简单效应结果表明，在消费者具有高说服知识水平的条件下，未提供广告披露语言的软文原生广告的分享意愿显著高于提供广告披露语言的软文原生广告的分享意愿 [$M_{有披露}$ = 4.06，$SD_{有披露}$ = 1.413；$M_{无披露}$ = 2.36，$SD_{无披露}$ = 1.560；$F_{(1, 54)}$ = 17.720；$p<0.001$]；在消费者具有低说服知识水平的条件下，未提供广告披露语言和未提供广告披露语言的软文原生广告的分享意愿没有显著差异 [$M_{有披露}$ = 3.25，$SD_{有披露}$ = 2.082；$M_{无披露}$ = 3.35，$SD_{无披露}$ = 1.496；$F_{(1, 45)}$ = 0.040；p = 0.843]，假设H5e得到支持（见表7-12）。

表7-12　说服知识水平对广告披露语言影响分享意愿的调节作用

因变量	调节变量	分组变量	选项	M	SD	F	p
分享意愿	高说服知识	广告披露语言	有披露	4.06	1.413	17.720	0.000
	低说服知识		无披露	2.36	1.560		
分享意愿	高说服知识	广告披露语言	有披露	3.25	2.082	0.040	0.843
	低说服知识		无披露	3.35	1.496		

四、实验结论

实验二检验结果表明，软文原生广告中是否提供披露语言对消费者态度和行为意向具有显著影响。具体表现在，提供披露语言比不提供披露语言更能促进消费者产生积极的广告态度、品牌态度、平台态度，以及购买意愿和分享意愿，假设H1得到支持。

同时，赞助透明度在广告披露语言状态（有 vs 无）对消费者态度和行为意向的影响中起中介作用，显著影响着消费者的广告态度、品牌态度、平台态度，以及购买意愿和分享意愿，假设H3得到支持。感知欺骗在广告披露语言状态（有 vs 无）对消费者态度和行为意向的影响中起中介作用，显著影响着消费者的广告态度、品牌态度、平台态度，以及购买意愿和分享意愿，假设 H4 得到支持。

此外，说服知识水平对广告披露语言状态（有 vs 无）影响消费者态度起调节作用。具体表现在，当高说服知识水平时，提供披露语言的广告态度、品牌态度和购买意愿显著高于比不提供披露语言，当低说服知识水平时，是否提供披露语言对广告态度、品牌态度、平台态度，以及购买意愿和分享意愿的影响不显著，假设 H5 得到支持。

第六节　研究三结论

原生广告旨在与编辑内容自然融合，以提供更加生动的广告体验。尽管各国相继出台相应的法律法规和规章制度，要求原生广告的广告商承担披露广告属性的义务，但在社交媒体平台中，大量的原生广告是内容创作者自发创作的。作为用户生成的内容，相关规定和要求难以切实落实。基于此背景，本研究模拟知识问答社区"知乎"的浏览情景，通过实验设计和数据分析，探讨了广告披露语言对消费者态度和行为意向的影响，赞助透明度和感知欺骗的中介作用，以及说服知识水平的调节作用。广告披露语言的使用是否会影响消费者的态度和行为意向是一个备受关注的问题。本研究提出了一系列假设，探讨了广告披露语言对消费者态度和行为意向的潜在影响，赞助透明度、感知欺骗的中介作用，以及说服知识水平的调节作用。

首先，广告披露语言对消费者态度和行为意向的影响。研究结果发现，在用户生成广告的背景下，广告披露语言的提供与否，以及广告披露语言的类型对消费者的态度和行为意向具有潜在影响。关于广告披露语言对原生广告的影响是正面还是负面的问题，依然存在一些矛盾观点（Flores，Chen & Ross，2014；Jing Wen 等，2020；Wojdynski & Evans，2016）。本研究结论强调了广告披露语言在建立信任和帮助透明度方面的重要性。当然，我们不可忽视情景的重要性，即在社交媒体平台中消费者自主生成的原生广告，可能很少存在主动披露的情况。原生广告内容创作者的主动披露的"善意"举动，能促进消费者产生积极的态度和行为意向。广告制定者应当认真考虑如何使用广告披露语言。披露语言并非洪水猛兽，在恰当的场景或用恰当的方式提供披露线索，可以通过透明、明确的披露语言来建立信任，减少感知欺骗，从而改善广告效果。

其次，赞助透明度和感知欺骗的中介作用。研究结果证实，赞助透明度和感知欺骗在广告披露语言影响消费者态度和行为意向的过程中起中介作用。赞助透明度被认为是建立信任和降低感知欺骗的关键因素。透明的广告披露语言可以帮助消费者明确广告的商业性质，减少对广告内容的怀疑。该结论进一步强调了广告披露语言的重要性，特别是在软文原生广告中，没有提供披露线索的广告容易被消费者误认为是自然内容，而内容创作者的主动披露帮助消费者识别广告信息，消费者对创作者的"善意"举动将产生好感和信任。

最后，说服知识水平的调节作用。研究结果显示，说服知识水平在广告披露语言对消费者态度和行为意向的影响中起调节作用。当参与者具有高说服知识水平时，提供广告披露语言的情况。参与者产生的广告态度、品牌态度、平台态度、购买意愿显著高于未提供广告披露语言的情况。然而，在参与者具有低说服知识水平时，广告披露语言对这些因素的影响不显著。广告制定者需要针对受众群体的说服知识水平制定合理的信息披露策略，特别是对于具有高说服知识水平的消费者群体，其可以强调广告披露的透明度以及广告内容的客观性；而对于低具有说服知识水平的消费者群体，广告披露语言虽然积极作用不显著，但也不会被消费者视为负面因素。

假设检验汇总见表7-13。

表7-13　假设检验汇总

假设	假设内容	结果
H1	在软文原生广告中，广告披露语言可以影响消费者态度和行为意向。	支持
H1a	与无广告披露语言相比，提供广告披露语言会提高消费者的广告态度；	支持
H1b	与无广告披露语言相比，提供广告披露语言会提高消费者的品牌态度；	支持
H1c	与无广告披露语言相比，提供广告披露语言会提高消费者的平台态度；	支持
H1d	与无广告披露语言相比，提供广告披露语言会提高消费者的购买意愿；	支持

表7-13(续)

假设	假设内容	结果
H1e	与无广告披露语言相比，提供广告披露语言会提高消费者的分享意愿。	支持
H2	在软文原生广告中，广告披露语言的类型可以影响消费者态度和行为意向。	部分支持
H2a	与隐性广告披露语言，显性广告披露语言会提高消费者的广告态度；	支持
H2b	与隐性广告披露语言，显性广告披露语言会提高消费者的品牌态度；	支持
H2c	与隐性广告披露语言，显性广告披露语言会提高消费者的平台态度；	支持
H2d	与隐性广告披露语言，显性广告披露语言会提高消费者的购买意愿；	不支持
H2e	与隐性广告披露语言，显性广告披露语言会提高消费者的分享意愿。	不支持
H3	在软文原生广告中，赞助透明度在广告披露语言影响消费者态度和行为意向的过程中起中介作用。	支持
H3a	赞助透明度在广告披露语言影响广告态度的过程中起中介作用；	支持
H3b	赞助透明度在广告披露语言影响品牌态度的过程中起中介作用；	支持
H3c	赞助透明度在广告披露语言影响平台态度的过程中起中介作用；	支持
H3d	赞助透明度在广告披露语言影响购买意愿的过程中起中介作用；	支持
H3e	赞助透明度在广告披露语言影响分享意愿的过程中起中介作用。	支持
H4	在软文原生广告中，感知欺骗在广告披露语言影响消费者态度和行为意向的过程中起中介作用。	支持
H4a	感知欺骗在广告披露语言影响广告态度的过程中起中介作用；	支持
H4b	感知欺骗在广告披露语言影响品牌态度的过程中起中介作用；	支持
H4c	感知欺骗在广告披露语言影响平台态度的过程中起中介作用；	支持
H4d	感知欺骗在广告披露语言影响购买意愿的过程中起中介作用；	支持
H4e	感知欺骗在广告披露语言影响分享意愿的过程中起中介作用。	支持

表7-13（续）

假设	假设内容	结果
H5	在原生广告中，说服知识水平对广告披露语言影响消费者态度和行为意向起调节作用。	支持
H5a	当消费者具有高说服知识水平时，提供广告披露语言的广告态度显著高于无广告披露语言，当消费者具有低说服知识水平时，广告披露语言对广告态度的影响不显著；	支持
H5b	当消费者具有高说服知识水平时，提供广告披露语言的品牌态度显著高于无广告披露语言，当消费者具有低说服知识水平时，广告披露语言对品牌态度的影响不显著；	支持
H5c	当消费者具有高说服知识水平时，提供广告披露语言的平台态度显著高于无广告披露语言，当消费者具有低说服知识水平时，广告披露语言对平台态度的影响不显著；	支持
H5d	当消费者具有高说服知识水平时，提供广告披露语言的购买意愿显著高于无广告披露语言，当消费者具有低说服知识水平时，广告披露语言对购买意愿的影响不显著；	支持
H5e	当消费者具有高说服知识水平时，提供广告披露语言的分享意愿显著高于无广告披露语言，当消费者具有低说服知识水平时，广告披露语言对分享意愿的影响不显著。	支持

第八章　研究结论

原生广告是一种融入媒体内容并与其形式相匹配的广告形式。不管广告商和发布商是否愿意主动进行广告披露，但广告披露的做法对于广告商、消费者以及整个市场均有一定意义。广告披露（advertising disclosure）是指在广告中明确或隐晦地揭示广告性质、赞助关系或其他相关信息的行为（Belch et al., 2014）。本书旨在探究软文原生广告披露方式（主动披露与被动披露）对消费者态度（广告态度、品牌态度、平台态度）和行为意向（购买意愿、分享意愿）的影响，赞助透明度和感知欺骗的中介作用，以及说服知识水平的调节作用。本书基于研究设计和假设检验，得出以下结论：

一、软文原生广告披露方式与因变量的关系

在软文原生广告情景中，主动披露对消费者的广告态度、品牌态度、平台态度、购买意愿和分享意愿具有正向影响。作为广告商，其主动向消费者提供披露线索（例如，主动提供披露语言或其他明确提示），能够促进消费者积极的广告态度、品牌态度和平台态度。主动披露有助于消费者更好地理解广告的商业意图和目的，从而产生更积极的态度。同时，主动披露对购买意愿和分享意愿也具有正向影响。主动披露及透明的赞助关系可以增加消费者对广告和品牌的信任和可靠性感知，促使他们更倾向于购买相关产品或服务，以及积极地分享原生广告内容。

相反，被动披露对消费者的广告态度、品牌态度、平台态度、购买意愿和分享意愿具有负面影响。被动披露（例如，广告评价模式或伴随购买链接等暗示性披露线索）可能对消费者的广告态度、品牌态度和平台态度产生负向影响。由于缺失明确的广告标识和赞助关系提示，被动披露可能引发消费者的怀疑和不信任，从而导致消费者形成消极的广告态度、品牌态度和平台态度。另外，被动披露对购买意愿和分享意愿也可能产生负面

效应。被动披露可能引发消费者对原生广告的欺骗性感知，降低消费者对广告内容和赞助商的信任程度，从而减少购买意愿和分享意愿。

二、中介变量的作用

赞助透明度在软文原生广告披露与因变量之间起中介作用。广告商在软文原生广告中对与广告商的赞助关系进行主动披露，能够提高消费者对广告的赞助透明度的感知，从而影响消费者对广告披露的接受程度和对广告赞助来源的评价，进而促进消费者产生积极的态度与行为意向；而消费者如果依据其他外部线索得到被动性的赞助关系披露，则可能降低其对广告赞助透明度的感知，从而对其广告态度、品牌态度、平台态度、购买意愿和分享意愿产生负面影响。

感知欺骗在软文原生广告披露与因变量之间起中介作用。软文原生广告对与广告商的赞助关系进行主动披露，能够降低消费者对原生广告的欺骗性感知，从而促进消费者产生积极的态度与行为意向；而消费者如果依据其他外部线索得到的被动性的赞助关系披露，则可能提高其对原生广告的欺骗性感知，从而对其广告态度、品牌态度、平台态度、购买意愿和分享意愿产生负面的影响。

三、调节变量的作用

不管是主动还是被动披露，说服知识水平在软文原生广告披露对消费者态度和行为意向影响过程中均起正向调节作用。具体而言，具有较高说服知识水平的消费者能够更好地理解主动披露的信息和目的，从而更准确地评估广告的可信度和影响力，增强对消费者态度和行为意向的正向影响；具有较高说服知识水平的消费者也可以敏锐地观察到被动披露的信息与目的，从而增强被动披露信息对消费者态度和行为意向的负向影响。同样，不管主动还是被动披露，说服知识水平较低的消费者，对广告披露信息和目的的敏感性相对较低，是否提供明确的披露信息对其态度和行为意向的影响不显著。

第九章 研究讨论

一、理论贡献

在数字媒体时代，随着原生广告的兴起与发展，广告披露一直是原生广告领域的一个重要议题。在当下数字时代，广告的表现方式及其与消费者的互动方式发生了显著的变化，原生广告的模糊性和广告内容与编辑内容的融合使得广告披露变得至关重要，并引起学术界、广告从业者和监管机构的广泛关注。因此，探讨软文原生广告披露方式（主动披露与被动披露）对消费者态度（广告态度、品牌态度、平台态度）和行为意向（购买意愿、分享意愿）的影响及其中介机制与调节效应，对于理解软文原生广告披露方式的影响与作用机制具有重要的理论意义。

第一，本书研究拓展了广告效果理论在原生广告场景的应用范畴。本书通过探讨软文原生广告披露方式与消费者态度和行为意向的关系，研究拓展了广告效果理论在原生广告场景的应用范畴。类似于 Wojdynski 和 Evans（2016）的实证结论，原生广告的披露语言对消费者识别和评价原生广告具有显著影响。研究结论对于理解原生广告的披露方式（主动披露与被动披露）和消费者反应之间的关系提供了实证支持。同时，研究深化了对传统广告效果理论与软文原生广告披露的认识。传统广告效果理论主要聚焦于广告对消费者态度和行为意向的影响，而软文原生广告披露（主动披露与被动披露）作为特殊形式的广告披露内容，对于广告效果研究提供了新的视角和见解。

第二，本书研究揭示了披露方式对消费者广告认知、态度与行为意向的影响。本书通过比较主动披露（广告披露语言）和被动披露（广告评价模式和伴随购买链接）的作用差异，揭示了披露方式对消费者的广告认知、态度与行为意向的不同影响。本书研究发现主动披露对消费者态度和行为意向具有正向影响，而被动披露则对消费者态度和行为意向产生负面影响。本书的研究发现与现有文献中的结论基本一致。即对赞助关系进行明确性披露，可以增加消费者对原生广告的透明度和信任度感知，促进消费者对广告内容产生积极的态度和行为意向；而被动披露可能导致消费者产生抵触和怀疑，引发消费者对广告内容产生消极的态度和行为意向。研究结果有助于理解广告披露方式对消费者态度和行为意向的影响与塑造。

第三，本书研究分析了赞助透明度在软文原生广告披露对消费者态度和行为意向影响过程中的中介作用。软文原生广告对赞助关系进行主动披露，可以提高赞助透明度，正向影响消费者态度与行为意向；而消费者如果依据外部披露线索得到对赞助关系的被动披露，则可能降低赞助透明度，负向影响其态度与行为意向。研究结果强调软文原生广告主动披露的重要性，对于广告从业者和广告商而言，主动、清晰、明确地披露广告赞助关系对于建立消费者信任以及促进广告传播效果具有一定价值。

第四，本书研究探讨了感知欺骗在软文原生广告披露对消费者态度和行为意向影响过程中的中介作用。研究发现，消费者如果依据外部披露线索得到对赞助关系的被动披露，可能引发其对原生广告的感知欺骗，从而负向影响其态度与行为意向；而软文原生广告对赞助关系进行主动披露，则可以削弱消费者的欺骗感知，正向影响消费者态度与行为意向。研究结果提示广告中存在欺骗性信息可能降低消费者的态度和意愿，因此，广告从业者应谨慎处理披露方式，避免引发消费者的误解和不信任，从而影响广告的传播效果。

第五，本书研究强调了说服知识水平在软文原生广告披露对消费者态度和行为意向影响过程中的调节作用。说服知识水平反映了消费者对广告和营销说服手段的了解程度。研究发现，说服知识水平对软文原生广告披露影响消费者态度和行为意向方面具有正向调节作用。具体而言，具有较高说服知识水平的消费者对披露方式更敏感，更能理解广告中的信息和目的，对广告的态度和行为意向的影响更加显著。该结论深化了 Campbell 和 Kirmani（2000）关于消费者对说服知识运用以及影响因素的认知。消费者的认知能力和信息处理能力对于广告披露形式的感知与评价具有显著影响，广告制定者需要针对受众群体的说服知识水平差异制定合理的信息披露策略。

二、管理启示

本书探讨软文原生广告披露方式对消费者态度和行为意向的影响，扩展了现有文献关于软文原生广告披露与因变量之间关系的认识，强调了在设计和投放原生广告时，对广告内容与广告商赞助关系合理披露的重要性，帮助广告从业者和广告商更好地设计和执行软文原生广告披露策略，促进消费者信任与广告效果的提升。具体管理启示如下：

第一，重视原生广告的主动披露。本书研究结果表明广告从业者和广告商对赞助关系进行主动披露对消费者态度与行为意向具有正向影响。因此，在管理实践中，广告从业者应重视原生广告的主动披露，明确标注广告内容，及时公开揭示赞助关系，向消费者提供更加透明、真实的广告内容。在当下社交网络媒体中，特别是在社交媒体中用户生成的广告内容，绝大多数商家和内容创作者不会主动披露广告赞助关系，此时，用恰当的方式对赞助关系进行主动披露，可以有效建立消费者的信任，削弱消费者的感知欺骗，避免引发消费者的负面情绪，从而改善消费者的广告态度、品牌态度和平台态度，促进购买意愿和分享意愿。

第二，关注多元化的披露方式。在管理实践中，广告从业者和广告商应当关注原生广告披露的多元化，综合使用多种形式和方式进行主动广告披露。除了传统的标签或标记方式，其还可以结合创意和设计元素，使广告披露更加有趣和具有吸引力，从而迅速吸引消费者的注意力。多元化以及整合披露方式可以帮助消费者提高对原生广告的识别和理解度，增强广告的有效传播。

第三，关注赞助透明度的作用。赞助透明度在软文原生广告披露对消费者态度与行为意向的影响过程中起中介作用。广告从业者和广告商应关注赞助透明度，确保消费者对广告赞助来源的认知和评价；通过提供明确的赞助信息，增强消费者对广告的接受程度和对品牌、平台的认同感。

第四，防范感知欺骗的影响。感知欺骗在软文原生广告披露对消费者态度与行为意向的影响过程中起中介作用。广告从业者和广告商应注意避免原生广告被动披露以及在广告中出现虚假宣传和误导性信息，以防止消费者对广告产生负面评价和怀疑，诚实与透明是建立消费者信任和参与的基础。

第五，关注说服知识的调节作用。说服知识水平在软文原生广告披露对消费者态度与行为意向的影响过程中起调节作用。广告从业者和广告商应针对消费者群体的认知能力和知识水平，设计相应的广告内容和披露策略。对于具有较高广告识别能力和说服知识水平的消费者，广告从业者和广告商可以提供更具挑战性和深度的信息，以增强他们的参与度和品牌认知。同时，广告从业者可以通过教育和宣传活动，提高消费者的广告识别能力和营销手段的理解能力，增强消费者对广告披露信息的敏感性，提高其对广告的理解和认知能力。

第六，重视持续监测和反馈。广告从业者和广告商应关注消费者对广告的反馈和评价，定期收集消费者的意见和体验，及时调整和改进原生广告的披露策略；通过持续监测和反馈，不断提升广告效果和消费者参与度，建立长期的品牌关系。同时，在社交媒体时代，原生广告的分享具有重要价值，广告从业者可以通过提高广告的质量和有趣度，鼓励消费者分享广告内容、提供分享按钮或链接等方式，激发消费者的分享意愿和口碑效应，进一步扩大原生广告的影响范围和传播效果。

第十章 研究不足与展望

尽管本书在探讨软文原生主动和被动披露方式对广告态度、品牌态度、平台态度、购买意愿和分享意愿的影响机制方面取得了一些重要发现，但仍有许多有待探索和深入研究的方向，以下是一些不足之处以及未来研究展望：

第一，是样本特征的限制。虽然本书通过线上和线下问卷的方式收集数据，但从样本特征数据看，被试趋于年轻化，以学生样本群体为主，大学生群体同质性较高，社会覆盖范围较窄，收入状态和消费能力有限，因而实验结论可能对于学生群体或年轻群体有较高的适应性，研究结论难以简单拓展到其他社会群体，后续研究的被试群体选择需扩大抽样范围，涵盖更多地理区域、人群和行业，以增加研究结果的代表性和一般性。

第二，原生广告和披露形式的多样性。原生广告可以采用多种形式和内容，如文章、视频、图片等，每种形式可能会对消费者产生不同的影响。本书主要集中在文章形式的原生广告，对其他形式的原生广告了解有限。此外，本书着重检验广告评价模式、伴随购买链接和广告披露语言对消费者态度和行为意向的影响，还未探讨语言类型、标签形态和颜色等其他披露线索的影响，远未达到全面解释的程度，未来研究可以探索不同形式的原生广告以及不同类型的披露形式对消费者态度和行为意向的影响，以获得更全面的了解。

第三，平台特定性和情景模拟的限制性。软文原生广告披露的效果可能受到广告平台和展示形式的特定影响。不同的广告平台（如社交媒体、搜索引擎、新闻网站等）具有不同的用户群体、用户行为和使用环境，这些因素可能会对原生广告的披露效果产生差异影响。同时，本书根据软文原生广告展示场景和展示形式的需要，选取了中国消费者较为熟悉的"小红书"和"知乎"网络社区平台，在形式上和内容上尽可能贴近真实场景设计情景实验，实验过程尽可能标准和规范，但是真实用户在浏览网络社区中的软文原生广告过程中的心理活动和行为表现与模拟的实验场景仍然有所差异。未来研究可以比较不同平台上软文原生广告的披露效果，以及突破情景实验和问卷调查的局限，或者提供真实的模拟情景和自然实验，提高研究结论的外部效度。

第四，其他潜在因素和机制的复杂性。尽管本书考察了说服知识水平等软文原生广告披露与因变量之间的调节作用，但仍有许多其他因素可能对软文原生广告披露的影响产生重要作用，如消费者的个人特征、认知风格、文化背景等。未来研究可以进一步探索其他相关因素，如广告创意、个人价值观、社交因素等，并研究其与软文原生广告披露之间的关系。未来研究可以进一步探索这些潜在因素在软文原生广告披露与因变量之间的影响。同时，变量衡量方法可能存在一定主观性和局限性，未来研究可以采用一些更客观和准确的测量方法，如眼动和脑波等生理指标测量等，以获得更可靠和精确的数据。

第五，广告披露长期效果研究的局限性。本书主要探讨软文原生广告披露对短期广告效果的影响，如广告态度、购买意愿等。然而，软文原生广告披露的长期品牌效果影响仍需进一步研究。了解软文原生广告披露对消费者态度和行为意向的长期影响，可以帮助广告从业者更好地规划和管理广告策略。未来研究可以通过追踪调查或实验设计来考察软文原生广告披露的长期效果，并探索其对品牌形象、品牌口碑、消费者忠诚度等方面的影响，以了解软文原生广告披露对消费者的持久影响。

参考文献

［1］陈丽平. 原生广告对既有广告业态秩序的挑战［J］. 青年记者，2015，000（006）：80-80，81.

［2］陈素白 段秋婷. 广告回避文献述评与研究转向探讨［J］. 编辑之友，2020，（11）：8.

［3］陈素白，曹雪静. 网络广告回避影响因素研究——基于2012伦敦奥运网络广告投放的实证分析［J］. 新闻与传播研究，2013，（12）：14.

［4］程明，魏瑄倩. 节目形态原生广告的表达方式和传播策略——以爱奇艺自制节目《奇葩说》为例［J］. 当代传播，2016，（6）：3.

［5］崔华玉，程岩. 混合收益模式下在线内容免费数量与广告强度的组合优化［J］. 系统管理学报，2019，28（5）：9.

［6］戴世富 赵. 隐性与隐私：原生广告的伦理反思［J］. 当代传播，2016，（4）：3.

［7］丁家永. 广告心理研究的新发展——"整合营销传播"的广告心理学原理［J］. 心理科学进展，2001，009（001）：66-70.

［8］冯婷. 美国联邦贸易委员会对原生广告的治理研究［J］. 编辑之友，2018，（6）：103-107.

［9］冯文婷，徐瑷苹，黄海，汪涛. 萌萌哒还是古灵精怪？奢侈品品牌可爱风格对消费者偏好的影响［J］. 心理学报，2022，54（3）：18.

［10］郭国庆，张中科，陈凯，汪晓凡. 口碑传播对消费者品牌转换意愿的影响：主观规范的中介效应研究［J］. 管理评论，2010，22（12）：8.

［11］贺远琼，李彬，尹世民. 数字媒体情境下广告规避的研究综述与未来展望［J］. 管理学报，2022，19（10）：1566-1576.

［12］江晓东，桂辉. 比较型网上产品评论的说服效果研究［J］. 经济管理，2015，（11）：9.

[13] 蒋丽丽，梅姝娥，仲伟俊. 消费者广告屏蔽行为对媒体广告策略的影响 [J]. 系统工程学报，2014，29（1）：11.

[14] 康瑾. 原生广告的概念，属性与问题 [J]. 现代传播（中国传媒大学学报），2015，37：112-118.

[15] 康立新. 国内图式理论研究综述 [J]. 河南社会科学，2011，19（4）：180-182.

[16] 柯燕飞，朱杏. 以忠诚度为调节变量对错过价格促销时顾客购买意愿的研究 [J]. 市场研究，2013，（10）：4.

[17] 乐国安. 图式理论对社会心理学研究的影响 [J]. 江西师范大学学报：哲学社会科学版，2004，37（1）：7.

[18] 雷晶，袁勤俭，刘影. 认知匹配理论的演化评述 [J]. 现代情报，2018，38（10）：6.

[19] 李东进，刘建新. 产品稀缺诉求影响消费者购买意愿的双中介模型 [J]. 管理科学，2016，29（3）：16.

[20] 李宁. 公众对自媒体平台广告态度的实证研究 [D]. 江西师范大学，2019.

[21] 李琪，阮燕雅. 有用性无差异的在线产品质量评论和服务水平评论对消费者网上购买意愿的不同影响研究 [J]. 经济问题探索，2015，（1）：7.

[22] 李琼，吴作民. 广告态度和品牌态度作用机制研究综述 [J]. 广告大观：理论版，2008，（5）：6.

[23] 梁静. 消费者说服知识研究述评 [J]. 外国经济与管理，2008，30（7）：7.

[24] 廖秉宜，温有为，胡杰. 智能手机用户 App 开屏广告回避的影响因素研究 [J]. 新闻大学，2022，8：92-107.

[25] 凌文轻，方俐洛. 中国人的广告态度研究 [J]. 中外管理导报，1991，000（002）：19-21.

[26] 刘传红，廖思维. 征服与整合：信息流视频广告的空间生产 [J]. 中南民族大学学报：人文社会科学版，2023，43（4）：146-154.

[27] 刘文静，袁依格，刘炳胜. 高度殷勤式服务对顾客反应的作用机制：基于说服知识视角的理论分析 [J]. 管理科学学报，2022，25（5）：

12.

[28] 刘燕南, 吴浚诚. 互联网原生广告中隐私悖论的嬗变与规制 [J]. 当代传播, 2019, (6): 4.

[29] 刘再兴. 广告的同化效应与对比效应 [J]. 广告主, 2009, (12): 99-99.

[30] 卢长宝, 秦琪霞, 林颖莹. 虚假促销中消费者购买决策的认知机制: 基于时间压力和过度自信的实证研究 [J]. 南开管理评论, 2013, 16 (2): 12.

[31] 陆卫平. 忠诚顾客对竞争性营销说服的抵制——信息涉入度和产品知识的调节作用 [J]. 经济经纬, 2012, (1): 5.

[32] 马向阳, 徐富明, 吴修良, 潘靖, 李甜. 说服效应的理论模型、影响因素与应对策略 [J]. 心理科学进展, 2012, 20 (5): 735-744.

[33] 潘煜, 张星, 高丽. 网络零售中影响消费者购买意愿因素研究——基于信任与感知风险的分析 [J]. 中国工业经济, 2010, (7): 10.

[34] 邱爱梅, 陈铭焜. 基于UTAUT修正模型的微信朋友圈广告接受意愿分析 [J]. 统计与决策, 2018, (12): 4.

[35] 邵海. 原生广告的法律规制 [J]. 法商研究, 2021, (2): 131.

[36] 舒咏平, 陶薇. 新媒体广告的"原生之困"与管理创新 [J]. 现代传播: 中国传媒大学学报, 2016, (3): 4.

[37] 宋祺灵, 徐琦. 基于网络平台的原生广告发展现状研究 [J]. 现代视听, 2014, (8): 4.

[38] 孙瑾, 陈静, 毛晗舒. 品牌暗示性、商品功能与消费者决策 [J]. 经济管理, 2019, 41 (01): 122-136.

[39] 孙瑾. 结构匹配模型的研究现状评述与研究展望——消费者行为学发展的新趋势 [J]. 华东经济管理, 2010, (4): 5.

[40] 孙瑾. 属性可比性对消费者品牌评价的影响: 评价模式的调节作用 [J]. 管理评论, 2011, 23 (8): 9.

[41] 汪让, 段秋婷, Adams K A. 广告披露对网红信任与品牌态度的影响研究——基于有中介的调节效应模型的考察 [J]. 新闻大学, 2022, (9): 15.

[42] 王清, 田伊琳. 网红隐性广告透明化规制: 必要性, 规制模式与

标准［J］.出版科学，2020，28（2）：8.

［43］王逸瑜.调节匹配对网络广告说服效果影响研究：说服知识和认知资源的作用［D］.西南交通大学，2023.

［44］未永 俊郎，C. W.，Sherif，et al. Attitude and attitude change：The social judgment-involvement approach［M］. Saunders Philadelphia，1965.

［45］邢淑芬，俞国良.社会比较：对比效应还是同化效应？［J］.心理科学进展，2006，14（6）：6.

［46］许璐.凤凰网引入原生广告，媒体推动营销创新——对话凤凰网全国营销中心总经理付继仁［J］.广告大观：综合版，2013，（9）：1.

［47］殷鹏.《纽约时报》继续推进原生广告业务［J］.新闻记者，2015，（2）：1.

［48］应飞虎，葛岩.软文广告的形式，危害和治理——对《广告法》第13条的研究［J］.现代法学，2007，29（3）：11.

［49］袁胜，许清茂.论出版物中软文广告的传播效果——国外实证研究成果给我们的启示［J］.出版科学，2013，21（4）：3.

［50］曾伏娥，顾梅梅，刘敏.社交媒体图文型广告的"得"与"失"：商家形象 vs. 产品态度［J］.中国工业经济，2019，（10）：175-192.

［51］翟红蕾，陈夕林.原生广告的传播伦理分析［J］.新闻前哨，2014，（4）：3.

［52］张皓，肖邦明，黄敏学.基于用户动态信息加工的信息流广告回避机制与重定向策略［J］.心理科学进展，2023，31（2）：17.

［53］张庆园，姜博.原生广告内涵与特征探析［J］.华南理工大学学报：社会科学版，2015，17（4）：7.

［54］张如慧，张红霞，雷静.锦上添花还是差强人意：从信息处理模式的视角探讨消费者对融合产品的评价［J］.营销科学学报，2013，9（2）：56-70.

［55］张诗婷.对原生广告对话性不足的符号学反思［J］.编辑之友，2019，（10）：5.

［56］周丽玲.消费者广告态度及影响因素研究［J］.新闻与传播评论辑刊，2005，（1）：14.

［57］朱华伟，黄印.品牌形象的定位一定要顺从消费者的心理图式吗？——产品涉入度与产品类型的交互作用［J］.营销科学学报，2016，（1）：19.

［58］朱翊敏，于洪彦.网络口碑方向及类型对其可信度的影响研究：产品性质的调节作用［J］.商业经济与管理，2015，（04）：43-52.

［59］左文明，王旭，樊偿.社会化电子商务环境下基于社会资本的网络口碑与购买意愿关系［J］.南开管理评论，2014，（4）：12.

［60］Aaker D A. Measuring brand equity across products and markets ［J］. California Management Review，1996，38（3）：102-120.

［61］Ahmed S M. The effects of brand image and brand identification on brand love and purchase decision making：the role of WOM［J］. International business research，2014，7（10）：187.

［62］Akar E，Topu B. An Examination of the Factors Influencing Consumers' Attitudes Toward Social Media Marketing［J］. Journal of Internet Commerce，2011，10（1）：35-67.

［63］Amazeen M A，Wojdynski B W. The Effects of Disclosure Format on Native Advertising Recognition and Audience Perceptions of Legacy and Online News Publishers［J］. SAGE Publications，2020（12）.

［64］Arli，Denni. Does Social Media Matter？Investigating the Effect of Social Media Features on Consumer Attitudes［J］. Journal of Promotion Management，2017，23（4）：521-539.

［65］Baek T H，Morimoto M. Stay Away From Me［J］. Journal of Advertising，2012，41（1）：59-76.

［66］Baker T T L. An assessment of the relationship between service quality and customer satisfaction in the formation of consumers´ purchase intentions ［J］. Journal of Retailing，1994，70（2）：163-178.

［67］Balakrishnan B K P D，Dahnil M I，Yi W J. The Impact of Social Media Marketing Medium toward Purchase Intention and Brand Loyalty among Generation Y ［J］. Procedia－Social and Behavioral Sciences，2014，148：177-185.

［68］Barone M J，Miniard P W. How and when factual ad claims mislead consumers：Examining the deceptive consequences of copy×copy interactions for partial comparative advertisements [J]. Journal of Marketing Research, 1999, 36 (1): 58-74.

[69] Barry T E, Daniel. 2 3 A Review and Critique of the Hierarchy of Effects in Advertising [J]. International Journal of Advertising, 1990, 9 (2): 121-135.

[70] Bartlett F C. Cambridge, England: 1887-1937 [J]. American Journal of Psychology, 1938, 50 (1-4): 97-110.

[71] Bartosz, W, Wojdynski, et al. Going Native: Effects of Disclosure Position and Language on the Recognition and Evaluation of Online Native Advertising [J]. Journal of Advertising, 2015, 45 (2): 157-168.

[72] Bataineh A Q. The impact of perceived e-WOM on purchase intention: The mediating role of corporate image [J]. International Journal of marketing studies, 2015, 7 (1): 126.

[73] Batra R, Ahtola O T. Measuring the Hedonic and Utilitarian Sources of Consumer Attitudes [J]. Marketing Letters, 1991, 2 (2): 159-170.

[74] Bearden W, Hardesty D, Rose R. Consumer Self - Confidence: Refinements in Conceptualization and Measurement [J]. Journal of Consumer Research, 2001, 28 (1): 121-134.

[75] Beymer D, Orton P Z, Russell D M. An Eye Tracking Study of How Pictures Influence Online Reading [C] // An Eye Tracking Study of How Pictures Influence Online Reading. Human - Computer Interaction - INTERACT 2007, 11th IFIP TC 13 International Conference, Rio de Janeiro, Brazil, September 10-14, 2007, Proceedings, Part II.

[76] Bhati N S. Validation of customers´ perceived e-service quality determinants: a confirmatory factor analysis approach [J]. International Journal of Services Economics and Management, 2020, 11 (2): 97-118.

[77] Boerman S C, Reijmersdal E A V. Informing Consumers about 'Hidden' Advertising. A Literature Review of the Effects of Disclosing Sponsored Content [M]. 2016.

[78] Boerman S C, Van Reijmersdal E A, Neijens P C. Using eye tracking to understand the effects of brand placement disclosure types in television pro-

grams [J]. Journal of Advertising, 2015, 44 (3): 196-207.

[79] Boerman S C, Reijmersdal E A V, Neijens P C. Sponsorship Disclosure: Effects of Duration on Persuasion Knowledge and Brand Responses [J]. Journal of Communication, 2012, 62 (6): 1047-1064.

[80] Boerman, Sophie Carolien, Kruikemeier, Sanne. Social Media Advertising: Consumer Responses to Promoted Tweets Send by Brands and Political Parties [J]. Computers in Human Behavior, 2015.

[81] Boerman, Sophine C, Aa V D, et al. "This Post Is Sponsored" Effects of Sponsorship Disclosure on Persuasion Knowledge and Electronic Word of Mouth in the Context of Facebook [J]. Journal of Interactive Marketing, 2017, 38: 82-92.

[82] Bosnjak M, Galesic M, Tuten T. Personality determinants of online shopping: Explaining online purchase intentions using a hierarchical approach [J]. Journal of Business Research, 2007, 60 (6): 597-605.

[83] Brewer W F, Nakamura G V, The nature and functions of schemas [J]. Artifiaal Intelligence, 1984: 91.

[84] Brown S P, Stayman D M. Antecedents and Consequences of Attitude toward the Ad: A Meta-analysis [J]. Journal of Consumer Research, 1992, 19 (1): 34-51.

[85] Burnkrant R E, Unnava H R. Effects of Self-Referencing on Persuasion [J]. Journal of Consumer Research, 1995, 22 (1): 17-26.

[86] Campbell C, Cohen J, Junzhao M A. Advertisements Just Aren't Advertisements Anymore A New Typology for Evolving Forms of Online " Advertising" [J]. Journal of advertising research, 2014, 54 (1): 7-10.

[87] Campbell C, Evans N J. The Role of a Companion Banner and Sponsorship Transparency in Recognizing and Evaluating Article-style Native Advertising [J]. Journal of Interactive Marketing, 2018, 43: 17-32.

[88] Campbell C, Marks L J. Good native advertising isn't a secret [J]. Business Horizons, 2015, 58 (6): 599-606.

[89] Campbell M C, Mohr G S, Verlegh P W J. Can Disclosures Lead Consumers to Resist Covert Persuasion? The Important Roles of Disclosure Timing

and Type of Response [J]. Journal of Consumer Psychology, 2013, 23 (4):
483-495.

[90] Campbell M C, Amna K. Consumers' use of persuasion knowledge:
The effects of accessibility and cognitive capacity on perceptions of an influence
agent [J]. Journal of consumer research, 2000, 27 (1): 69-83.

[91] Campbell M. When Attention-Getting Advertising Tactics Elicit Con-
sumer Inferences of Manipulative Intent: The Importance of Balancing Benefits
and Investments [J]. Journal of Consumer Psychology, 1995, 4 (3): 225-
254.

[92] Carr C T, Hayes R A. The Effect of Disclosure of Third-Party Influ-
ence on an Opinion Leader's Credibility and Electronic Word of Mouth in Two-
Step Flow [J]. Journal of Interactive Advertising, 2014, 14 (1): 38-50.

[93] Chaouachi S G, Rached K S B. Perceived deception in advertising:
Proposition of a measurement scale [J]. Journal of Marketing research & Case
studies, 2012, 2012: i1-15.

[94] Chaouachi S G, Benrached K S. PERCEIVED DECEPTION IN AD-
VERTISING: ANTECEDENTS AND CONSEQUENCES [J]. European Journal
of Management and Marketing Studies, 2019, 3 (4): 123-157.

[95] Chen L D, Gillenson, Mark L, et al. Enticing online consumers: an
extended technology acceptance perspective [J]. Information & Management,
2002, 39 (8): 705-719.

[96] Chen, Tsai, lee et al. Why do we share? The impact of viral videos
dramatized to sell How microfilm advertising works [J]. Journal of advertising re-
search, 2014, 54 (3): 292-303.

[97] Cheong Y, Kim K. The interplay between advertising claims and
product categories in food advertising: A schema congruity perspective [J].
Journal of Applied Communication Research, 2011, 39 (1): 55-74.

[98] Chun Y K, Song H J, Hollenbeck C R, et al. Are contextual adver-
tisements effective? [J]. International Journal of Advertising, 2015.

[99] Conill R F. Camouflaging Church as State : An exploratory study of
journalism's native advertising [J]. 2016.

[100] Cornwell T B, Humphreys M S, Maguire A M, et al. Sponsorship-Linked Marketing: The Role of Articulation in Memory [J]. Journal of Consumer Research, 2006, 33 (3): 312-321.

[101] Dahlén, Micael, Edenius M. When is Advertising Advertising? Comparing Responses to Non-Traditional and Traditional Advertising Media [J]. Journal of Current Issues and Research in Advertising, 2007, 29 (1): 33-42.

[102] Denham B. Analyzing media messages: Using quantitative content analysis in research [M]. Routledge/Taylor & Francis Group, 2014.

[103] Derek, D, Rucker, et al.. Increasing the Effectiveness of Communications to Consumers: Recommendations Based on Elaboration Likelihood and Attitude Certainty Perspectives [J]. Journal of Public Policy & Marketing, 2006, 25 (1): 39-52.

[104] Duan W, Gu B, Whinston A B. The dynamics of online word-of-mouth and product sales: An empirical investigation of the movie industry [J]. Social Science Electronic Publishing, 2023-11-13.

[105] Einstein M. Black ops advertising: Native ads, content marketing, and the covert world of the digital sell [M]. 2017.

[106] Eisend M, Tarrahi F. Persuasion Knowledge in the Marketplace: A Meta-Analysis [J]. Journal of Consumer Psychology, 2022, 32 (1): 3-22.

[107] Eisend M, Tarrahi F. The Effectiveness of Advertising: A Meta-Meta-Analysis of Advertising Inputs and Outcomes [J]. Journal of Advertising, 2016, 45 (4): 1-13.

[108] Eisend M, Reijmersdal E A V, Boerman S C, et al. A Meta-Analysis of the Effects of Disclosing Sponsored Content [J]. Journal of Advertising, 2020 (2): 1-23.

[109] Elmira, Djafarova, Chloe, et al. Exploring the credibility of online celebrities´ Instagram profiles in influencing the purchase decisions of young female users [J]. Computers in Human Behavior, 2017, 68: 1-7.

[110] Erin, E, Schauster, et al., Neill M S. Native Advertising Is the New Journalism [J]. American Behavioral Scientist, 2016, 60 (12): 1408-1424.

［111］Evans N J, Hoy M G. Parents´ presumed persuasion knowledge of children´s advergames: The influence of advertising disclosure modality and cognitive load ［J］. Journal of Current Issues & Research in Advertising, 2016, 37 (2): 146-164.

［112］Evans N J, Park D. Rethinking the persuasion knowledge model: Schematic antecedents and associative outcomes of persuasion knowledge activation for covert advertising ［J］. Journal of Current Issues & Research in Advertising, 2015, 36 (2): 157-176.

［113］Evans N J, Park D. Rethinking the Persuasion Knowledge Model: Schematic Antecedents and Associative Outcomes of Persuasion Knowledge Activation for Covert Advertising ［J］. Journal of Current Issues & Research in Advertising 2015, 36 (2): 157-176.

［114］Evans N J, Wojdynski B W, Hoy M G. How sponsorship transparency mitigates negative effects of advertising recognition ［J］. Routledge, 2019 (3).

［115］Festinger L, Maccoby N. On resistance to persuasive communications ［J］. The Journal of Abnormal and Social Psychology, 1964, 68 (4): 359 -366.

［116］Flanagin A J, Metzger M J. Perceptions of Internet Information Credibility ［J］. Journalism & Mass Communication Quarterly, 2000, 77 (3): 515-540.

［117］Flores W, Chen J C V, Ross W H. The effect of variations in banner ad, type of product, website context, and language of advertising on Internet users' attitudes ［J］. Computers in Human Behavior, 2014, 31: 37-47.

［118］Fransen M L, Verlegh P W J, Kirmani A, et al. A typology of consumer strategies for resisting advertising, and a review of mechanisms for countering them ［J］. International Journal of Advertising, 2015, 34 (1): 6-16.

［119］Friestad M, Wright P. The people persuasion cope with knowledge persuasion model: How attempts ［J］. Journal of Consumer Research, 1994, 21 (1): 1-31.

［120］Ftc. Native Advertising: A Guide for Businesses ［J］. Federal Trade

Commission, 2015.

[121] Gentner D, Markman A B. Structural alignment in analogy and similarity [J]. American Psychologist, 1997.

[122] Geradin D, Katsifis D, Marsden P. "Trust me, I'm fair": analysing Google's latest practices in ad tech from the perspective of EU competition law [J]. European Competition Journal, 2020, 16 (1): 11–54.

[123] Ghose A, Yang S. An Empirical Analysis of Search Engine Advertising: Sponsored Search and Cross–Selling in Electronic Markets [J]. Working Papers, 2007.

[124] Graham K W, Wilder K M. Consumer–brand identity and online advertising message elaboration: effect on attitude, purchase intent and willingness to share [J]. Journal of Research in Interactive Marketing, 2020, 14 (1): 111 –132.

[125] Gwinner K P, Eaton J. Building Brand Image Through Event Sponsorship: The Role of Image Transfer [J]. Journal of Advertising, 1999, 28 (4): 47–57.

[126] Ha L. Digital Advertising Clutter in the Age of Mobile Media [M]. Digital Advertising, 2017.

[127] Haim M, Oliver R L. Assessing the dimensionality and structure of the consumption experience: evaluation, feeling, and satisfaction [J]. Journal of Consumer Research, 1993, 20 (3): 451–466.

[128] Hastak, Manoj, Mazis, et al. Deception by Implication: A Typology of Truthful but Misleading Advertising and Labeling Claims [J]. Journal of Public Policy & Marketing, 2011, 30 (2): 157–167.

[129] Hein G, Doehrmann O, Müller N G, et al. Object familiarity and semantic congruency modulate responses in cortical audiovisual integration areas [J]. Journal of Neuroscience, 2007, 27 (30): 7881–7887.

[130] Held J, Germelmann C C. Deceived or Not Deceived: How Food Consumers Perceive Deception [J]. Advances in Consumer Research, 2014, 42: 313–317.

[131] Hennig–Thurau T, Gwinner K P, Walsh G, et al. Electronic word–

of-mouth via consumer-opinion platforms: What motivates consumers to articulate themselves on the Internet? [J]. Journal of Interactive Marketing, 2004, 18 (1): 38-52.

[132] Holbrook C M B. The Chain of Effects from Brand Trust and Brand Affect to Brand Performance: The Role of Brand Loyalty [J]. Journal of Marketing, 2001, 65 (2): 81-93.

[133] Homer P M. The Mediating Role of Attitude toward the Ad: Some Additional Evidence [J]. Journal of Marketing Research, 1990, 27 (1): 78-86.

[134] Hsee C K. Less Is Better: When Low-value Options Are Valued More Highly than High-value Options [J]. Journal of Behavioral Decision Making, 1998, 11 (2): 107-121.

[135] Hsee C K. The Evaluability Hypothesis: An Explanation for Preference Reversals between Joint and Separate Evaluations of Alternatives [J]. Organizational Behavior & Human Decision Processes, 2006, 67 (3): 247-257.

[136] Hsee, Chrisopher, Loewenstein K, et al. Preference reversals between joint and separate evaluations of options: A review and theoretical analysis [J]. Psychological Bulletin, 1999, 125 (5): 576.

[137] Huang, S L. The impact of context on display ad effectiveness: Automatic attitude activation and applicability [J]. Electronic Commerce Research & Applications, 2014, 13 (5): 341-354.

[138] Huh J, Delorme D E, Reid L N. Do Consumers Avoid Watching Over-the-Counter Drug Advertisements?: An Analysis of Cognitive and Affective Factors That Prompt Advertising Avoidance [J]. Journal of advertising research, 2015, 55 (4): 401-415.

[139] Iab. IAB Native Advertising Playbook [M]. Interactive Advertising Bureau. 2013.

[140] Iab. IAB Native Advertising Playbook 2.0 [M]. Interactive Advertising Bureau. 2019.

[141] Icek, Ajzen. The theory of planned behavior [J]. Organizational Behavior & Human Decision Processes, 1991, 50 (2): 179-211.

[142] Janssens W, De Pelsmacker P, Geuens M. Online advertising and congruency effects: It depends on how you look at it [J]. International Journal of Advertising, 2012, 31 (3): 579-604.

[143] Jeong S-H, Hwang Y. Does multitasking increase or decrease persuasion? Effects of multitasking on comprehension and counterarguing [J]. Journal of Communication, 2012, 62 (4): 571-587.

[144] Jing Wen T, Kim E, Wu L et al. Activating Persuasion Knowledge in Native Advertising: The Influence of Cognitive Load and Disclosure Language [J]. International Journal of Advertising, 2020, 39 (1): 74-93.

[145] Joan M L, Tybout A M. Schema congruity as a basis for product evaluation [J]. Journal of Consumer Research, 1989, 16 (1): 39-54.

[146] Jung A R, Heo J. Ad Disclosure vs. Ad Recognition: How Persuasion Knowledge Influences Native Advertising Evaluation [J]. Routledge, 2019.

[147] Jung E, Lim R, Kim D. A Schema-Based Instructional Design Model for Self-Paced Learning Environments [J/OL] 2022, 12 (4):

[148] Kalyanaraman S, Ivory J, Maschmeyer L. Interruptions and online information processing: The role of interruption type, interruption content, and interruption frequency [C] // Interruptions and online information processing: The role of interruption type, interruption content, and interruption frequency. Proc of 2005 Annual Meeting of International Communication Association. 2005: 1-32.

[149] Kalyanaraman S, Sundar S S. The Psychological Appeal of Personalized Content in Web Portals: Does Customization Affect Attitudes and Behavior? [J]. Journal of Communication, 2006, 56 (1): 110-132.

[150] Keller K L. Conceptualizing, Measuring, and Managing Customer-Based Brand Equity [J]. Journal of Marketing, 1993, 57 (1): 1-22.

[151] Kim B H, Yu J. Level of Creativity and Attitudes Toward an Advertisement [J]. Creativity Research Journal, 2015, 27 (2): 133-138.

[152] Kim J, Choi D, Kim H. Advertising nativeness as a function of content and design congruence [J]. International Journal of Advertising, 2019, 38 (6): 845-866.

[153] Kim M, Lee J K, Lee K Y. Interplay of content type and product type in the consumer response to native advertising on social media [J]. Asian Journal of Communication, 2019, 29 (6): 464-482.

[154] Kim S J, Hancock J T. How advertorials deactivate advertising schema [J]. Communication Research, 2016, in press.

[155] Kim S, Youn S, Yoon D. Consumers' responses to native vs. banner advertising: moderation of persuasion knowledge on interaction effects of ad type and placement type [J]. International Journal of Advertising, 2019, 38 (2): 207-236.

[156] Krouwer S, Poels K, Paulussen S. Moving Towards Transparency for Native Advertisements on News Websites: A Test of More Detailed Disclosures [J]. International Journal of Advertising, 2020, 39 (1): 51-73.

[157] Krouwer S, Poels K, Paulussen S. To Disguise or to Disclose? The Influence of Disclosure Recognition and Brand Presence on Readers´ Responses Toward Native Advertisements in Online News Media [J]. Journal of Interactive Advertising, 2017, 17 (2): 124-137.

[158] Kumkale G T, Dolores Albarracín, Seignourel P J. The Effects of Source Credibility in the Presence or Absence of Prior Attitudes: Implications for the Design of Persuasive Communication Campaigns [J]. J. Appl Soc Psychol, 2010, 40 (6): 1325-1356.

[159] Laroche M, Kim C, Zhou L. Brand familiarity and confidence as determinants of purchase intention: An empirical test in a multiple brand context [J]. Journal of Business Research, 1996, 37 (2): 115-120.

[160] Larose R, Eastin M S. A Social Cognitive Theory of Internet Uses and Gratifications: Toward a New Model of Media Attendance [J]. Journal of Broadcasting & Electronic Media, 2004, 48 (3): 358-377.

[161] Lee J, Kim S, Ham C D. A double-edged sword? Predicting consumers' attitudes toward and sharing intention of native advertising on social media [J]. American Behavioral Scientist, 2016, 60 (12): 1425-1441.

[162] Lee S, Cappella J N. Distraction effects of smoking cues in antismoking messages: Examining resource allocation to message processing as a

function of smoking cues and argument strength [J]. other, 2013, 16 (2): 154 -176.

[163] Li B, Yin S. How perceived control affects advertising avoidance intention in a skippable advertising context: a moderated mediation model [J]. Chinese Journal of Communication, 2020 (2): 1-19.

[164] Lim J S. The Third-Person Effect of Online Advertising of Cosmetic Surgery: A Path Model for Predicting Restrictive Versus Corrective Actions [J]. Journalism & Mass Communication Quarterly, 2017, 94 (4): 972-993.

[165] Liu Y, Li H, Hu F. Website attributes in urging online impulse purchase: An empirical investigation on consumer perceptions [J]. Decision support systems, 2013, 55 (3): 829-837.

[166] Lovell H T. Remembering: A study in experimental and social psychology [J]. Cambridge, England: Cambridge University Press: Cambridge University Press, 1933.

[167] Luan J, Yao Z, Zhao F, et al. Search product and experience product online reviews: An eye-tracking study on consumers' review search behavior [J]. Computers in Human Behavior, 2016, 65: 420-430.

[168] Lutz R J, Mackenzie S B, Belch G E. Attitude toward the ad as a mediator of advertising effectiveness: Determinants and consequences [J]. ACR North American Advances, 1983.

[169] Lynch J, Schuler D. The Matchup Effect of Spokesperson and Product Congruency: A Schema Theory Interpretation [J]. Psychology and Marketing, 2010, 11 (5): 417-445.

[170] Ma L, Zhang X, Ding X Y. Social media users' share intention and subjective well-being: An empirical study based on WeChat [J]. Online Information Review, 2018, 42 (6): 784-801.

[171] Mackenzie S B, Lutz R J, Belch G E. The Role of Attitude toward the Ad as a Mediator of Advertising Effectiveness: A Test of Competing Explanations [J]. Journal of Marketing Research, 1986, 23 (2): 130-143.

[172] Mackenzie S B, Lutz R J. An Empirical Examination of the Structural Antecedents of Attitude toward the Ad in an Advertising Pretesting Context

［J］. Journal of Marketing, 1989, 53（2）: 48-65.

［173］ Madden T J, Allen C T, Twible J L. Attitude toward the ad: An assessment of diverse measurement indices under different processing "sets" ［J］. Journal of Marketing Research, 1988, 25（3）: 242-252.

［174］ Maheswaran D, Sternthal B. The Effects of Knowledge, Motivation, and Type of Message on Ad Processing and Product Judgments ［J］. Journal of Consumer Research, 1990, 17（1）: 66-73.

［175］ Manchanda P, Dube J P, Goh K Y, et al. The Effect of Banner Advertising on Internet Purchasing ［J］. Journal of Marketing Research, 2006, 43（1）: 98-108.

［176］ Marian F, Peter W. The Persuasion Knowledge Model: How People Cope with Persuasion Attempts ［J］. Journal of Consumer Research, 1994（1）: 1-31.

［177］ Markman A B, Medin D L. Similarity and Alignment in Choice ［J］. Organizational Behavior & Human Decision Processes, 1995, 63（2）: 117-130.

［178］ Martin K D, Smith N C. Commercializing Social Interaction: The Ethics of Stealth Marketing ［J］. Journal of Public Policy & Marketing, 2008, 27（1）: 45-56.

［179］ Masip J, Garrido E, Herrero C. Defining deception ［J］. Anales De Psicología, 2004, 20（1）: 147-171.

［180］ Matt Carlson. When News Sites Go Native: Redefining the Advertising-Editorial Divide in Response to Native Advertising ［J］. Journalism: Theory Practice & Criticism, 2014, 16（7）: 849-865.

［181］ Mayzlin D, Chevalier J A. The Effect of Word of Mouth on Sales: Online Book Reviews ［J］. Yale School of Management Working Papers, 2003.

［182］ Meyers-Levy J, Sternthal B. A two-factor explanation of assimilation and contrast effects ［J］. Journal of Marketing Research, 1993, 30（3）: 359-368.

［183］ Mitchell A A, Olson J C. Are Product Attribute Beliefs the Only Mediator of Advertising Effects on Brand Attitude? ［J］. Journal of Marketing Research, 1981, 18 (3): 318-332.

[184] Moore R S, Stammerjohan C A, Coulter R A. Banner Advertiser-Web Site Context Congruity and Color Effects on Attention and Attitudes [J]. Journal of Advertising, 2005, 34 (2): 71-84.

[185] Morales A C. Giving Firms an "E" for Effort: Consumer Responses to High-Effort Firms [J]. Journal of Consumer Research, 2005, 31 (4): 806-812.

[186] Moriarty, Sandra E., Advertising & IMC: principles & practice/9thed [M]. 中国人民大学出版社, 2013.

[187] Morrison D G. Purchase Intentions and Purchase Behavior [J]. Journal of Marketing, 1979, 43 (2): 65-74.

[188] Morwitz V G. Why Consumers Don´t Always Accurately Predict Their Own Future Behavior [J]. Marketing Letters, 1997, 8 (1): 57-70.

[189] Nelson M, Wood M L M, Paek H J. Increased Persuasion Knowledge of Video News Releases: Audience Beliefs About News and Support for Source Disclosure [J]. Journal of Mass Media Ethics, 2009, 24 (4): 220-237.

[190] Nelson, Michelle, R. Developing Persuasion Knowledge by Teaching Advertising Literacy in Primary School [J]. Journal of Advertising, 2016, 45 (2): 169-182.

[191] Norris C E, Colman A M. Context Effects on Recall and Recognition of Magazine Advertisements [J]. Journal of Advertising, 1992, 21 (3): 37-46.

[192] Nowlis S M, Simonson I. The Construction of Preference: Attribute-Task Compatibility as a Determinant of Consumer Preference Reversals [J]. 2006.

[193] Nysveen H, Breivik E. The Influence of Media on Advertising Effectiveness a Comparison of Internet, Posters and Radio [J]. International Journal of Market Research, 2005, 47 (4): 381-404.

[194] Owen L, Lewis C, Auty S, et al. Is Children´s Understanding of Nontraditional Advertising Comparable to Their Understanding of Television Ad-

vertising? [J]. Journal of Public Policy & Marketing, 2013, 32 (2): 195-206.

[195] Park C, Lee T M. Information direction, website reputation and eWOM effect: A moderating role of product type [J]. Journal of Business Research, 2009, 62 (1): 61-67.

[196] Park E, Rishika R, Janakiraman R, et al. Social dollars in online communities: The effect of product, user, and network characteristics [J]. Journal of Marketing, 2017: jm. 16. 0271.

[197] PETER, R, DARKE, et al., The Defensive Consumer: Advertising Deception, Defensive Processing, and Distrust [J]. Journal of Marketing Research, 2007, 44 (1): 114-127.

[198] Piaget J, Cook M. The origins of intelligence in children [M]. International Universities Press New York, 1952.

[199] Pieters R, Wedel M. Goal control of attention to advertising: The Yarbus implication [J]. Journal of Consumer Research, 2007, 34 (2): 224-233.

[200] Pieters R, Wedel W M. Breaking Through the Clutter: Benefits of Advertisement Originality and Familiarity for Brand Attention and Memory [J]. Management Science, 2002, 48 (6): 765-781.

[201] Pollay R W, Richards J I. Deceptive Advertising: Behavioral Study of A Legal Concept [J]. Journal of Marketin Research, 1992, 29 (2): 268.

[202] Popy N N, Bappy T A. Attitude toward social media reviews and restaurant visit intention: a Bangladeshi perspective [J]. South Asian Journal of Business Studies, 2020, ahead of print (ahead of print).

[203] Reijmersdal E A V, Fransen M L, Noort G V, et al. Effects of Disclosing Sponsored Content in Blogs: How the Use of Resistance Strategies Mediates Effects on Persuasion [J]. American Behavioral Scientist, 2016, 60 (12): 1458-1474.

[204] Reijmersdal E A V, Lammers N, Rozendaal E, et al. Disclosing the Persuasive Nature of Advergames: Moderation Effects of Mood on Brand Responses via Persuasion Knowledge [J]. International Journal of Advertising,

2015, 34 (1): 70-84.

[205] Reijmersdal E A V, Rozendaal E, Buijzen M. Effects of Prominence, Involvement, and Persuasion Knowledge on Children's Cognitive and Affective Responses to Advergames [J]. Journal of Interactive Marketing, 2012, 26 (1): 33-42.

[206] Rieger D, Bartz F, Bente G. Reintegrating the ad: Effects of context congruency banner advertising in hybrid media [J]. Journal of media Psychdogy Theories Methods & Applications, 2015, (-1): 1-14.

[207] Robinson T N, Saphir M N, Kraemer H C, et al. Effects of reducing television viewing on children's requests for toys: A randomized controlled trial [J]. Journal of Developmental & Behavioral Pediatrics, 2001, 22 (3): 179-184.

[208] Rodgers S. THE EFFECTS OF SPONSOR RELEVANCE ON CONSUMER REACTIONS TO INTERNET SPONSORSHIPS [J]. The Journal of Advertising, 2004.

[209] Rompay T J L V, Vries P W D, Venrooij X G V. More than Words: On the Importance of Picture-Text Congruence in the Online Environment [J]. Journal of Interactive Marketing, 2010, 24 (1): 22-30.

[210] Roselius T. Consumer Rankings of Risk Reduction Methods [J]. Journal of Marketing, 1971, 35 (1): 56-61.

[211] Rozendaal E, Buijzen M, Valkenburg P. Children´s Understanding of Advertisers´ Persuasive Tactics [J]. International Journal of Advertising, 2015.

[212] Rozendaal E, Lapierre M A, Van Reijmersdal E A, et al. Reconsidering Advertising Literacy as a Defense Against Advertising Effects [J]. Media psychology, 2011, 14 (4): 333-354.

[213] Sahabi Y A, Razak C H A. Busalim A H. Influence of e-WOM engagement on consumer purchase intention in social commerce [J]. Journal of Services Marketing, 2018, 32 (4): 493-504.

[214] Shavitt S. The role of attitude objects in attitude functions [J]. Journal of Experimental Social Psychology, 1990, 26 (2): 124-148.

[215] Shen F, Chen Q. Contextual Priming and Applicability: Implications for Ad Attitude and Brand Evaluations [J]. Journal of Advertising, 2007, 36 (1): 69-80.

[216] Shimp T A, Stuart E W, Engle R W. A program of classical conditioning experiments testing variations in the conditioned stimulus and context [J]. J CONSOM RES, 1991, 18 (1): 1-12.

[217] Simonson I, Carmon Z, O'curry S. Experimental Evidence on the Negative Effect of Product Features and Sales Promotions on Brand Choice [J]. Marketing Science, 1994, 13 (1): 23-40.

[218] Spears N, Singh S N. Measuring attitude toward the brand and purchase intentions [J]. Journal of Current Issues & Research in Advertising, 2004, 26 (2): 53-66.

[219] Speck P S, Elliott M T. Predictors of Advertising Avoidance in Print and Broadcast Media [J]. Journal of Advertising, 1997, 26 (3): 61-76.

[220] Stéphane Matteo, Zotto C D. Native Advertising, or How to Stretch Editorial to Sponsored Content Within a Transmedia Branding Era [J]. Springer International Publishing, 2015.

[221] Stetti D J, lni V, Veroline C, et al. The Development and Testing of a Child-inspired Advertising Disclosure to Alert Children to Digital and Embedded Advertising [J]. Journal of Advertising, 2018: 1-15.

[222] Stubb C, Colliander J. " This is Not Sponsored Content" - The Effects of Impartiality Disclosure and E-Commerce Landing Pages on Consumer Responses to Social Media Influencer Posts [J]. Computers in Human Behavior, 2019, 98: 210-222.

[223] Susan, T, Fiske, et al. What does the Schema Concept Buy Us? [J]. Personality & Social Psychology Bulletin, 2016, 6 (4): 543-557.

[224] Taylor C R. Native advertising: The black sheep of the marketing family [M]. International Journal of Advertising. 2017: 207-209.

[225] Turow J, King J, Hoofnagle C J, et al. Americans reject tailored advertising and three activities that enable it [J]. http://ssrn.com/abstrart = 1478214, 2009.

[226] Tutaj K, Reijmersdal E a V. Effects of Online Advertising Format and Persuasion Knowledge on Audience Reactions [J]. Journal of Marketing Communications, 2012, 18 (1): 5-18.

[227] Vniversity, of, Groningen, et al. Digital Native Advertising: Practitioner Perspectives and a Research Agenda [J]. Journal of Interactive Advertising, 2017, 17 (2): 80-91.

[228] Vohs K D, Baumeister R F, Chin J. Feeling Duped: Emotional, Motivational, and Cognitive Aspects of Being Exploited by Others [J]. Review of General Psychology, 2007, 11 (2): 127-141.

[229] Vratonjic N, Manshaei M H, Grossklags J, et al. Ad-Blocking Games: Monetizing Online Content Under the Threat of Ad Avoidance [J]. // Springer Berlin Heidelberg, 2013: 49-73.

[230] Vrij A, Ennis E, Farman S, et al. People's Perceptions of Their Truthful and Deceptive Interactions in Daily Life [J]. Open Access Journal of Forensic Psychology, 2010, 2: 6-49.

[231] Waiguny M K J, Nelson M R, Terlutter R. The Relationship of Persuasion Knowledge, Identification of Commercial Intent and Persuasion Outcomes in Advergames-the Role of Media Context and Presence [J]. Journal of Consumer Policy, 2014, 37 (2): 257-277.

[232] Walker B, Celsi R, Olson J. Exploring the Structural Characteristics of Consumers' Knowledge [J]. Advances in Consumer Research, 1987, 14 (1): 17-21.

[233] Walsh M F. New insights into what drives internet advertising avoidance behaviour: the role of locus of control [J]. International Journal of Internet Marketing & Advertising, 2010, 6 (2): 127-141.

[234] Web Commercials and Advertising Hierarchy-of-Effects [J]. Journal of advertising research, 2015.

[235] Wei M L, Fischer E, Main K J. An Examination of the Effects of Activating Persuasion Knowledge on Consumer Response to Brands Engaging in Covert Marketing [J]. Journal of Public Policy & Marketing, 2008, 27 (1): 34-44.

［236］ Willemsen M C, Keren G. The Role of Negative Features in Joint and Separate Evaluation ［J］. Journal of Behavioral Decision Making, 2004, 17 (4): 313-329.

［237］ Wojdynski B W, Bang H, Keib K, et al. Building a Better Native Advertising Disclosure ［J］. Journal of Interactive Advertising, 2017, 17 (2): 150-161.

［238］ Wojdynski B W, Bang H. Distraction effects of contextual advertising on online news processing: an eye-tracking study ［J］. Behaviour & Information Technology, 2016, 35 (8): 654-664.

［239］ Wojdynski B W, Evans N J, Hoy M G. Measuring sponsorship transparency in the age of native advertising ［J］. The Journal of Consumer Affairs, 2018, 52 (1): 115-137.

［240］ Wojdynski B W, Evans N J, Hoy M G. Measuring Sponsorship Transparency in the Age of Native Advertising ［J］. Journal of Consumer Affairs, 2018: 52 (1): 115-137.

［241］ Wojdynski B W. Advertorials and Native Advertising ［M］ // The International Encyclopedia of Journalism Studies. City, 2019: 1-6 ［2023/04/15］.

［242］ Wojdynski B W. Native Advertising: Engagement, Deception, and Implications for Theory ［M］. //City, 2016: 203-236.

［243］ Wolfe J M. CHAPTER 17 - Guidance of Visual Search by Preattentive Information ［M］. // ITTI L, REES G, TSOTSOS J K. Neurobiology of Attention. City: Academic Press, 2005: 101-104.

［244］ Wright P, Friestad M, Boush D M. The Development of Marketplace Persuasion Knowledge in Children, Adolescents, and Young Adults ［J］. Journal of Public Policy & Marketing, 2005, 24 (2): 222-233.

［245］ Xie G-X, Boush D M. How Susceptible Are Consumers to Deceptive Advertising Claims? A Retrospective Look at the Experimental Research Literature ［J］. The Marketing Review, 2011, 11 (3): 293-314.

［246］ Xie G-X, Boush D, Boerstler C. Consumer Response to Marketplace Deception: Implications of the Persuasion Knowledge Model ［J］. ACR

North American Advances, 2007, 34: 281-293.

[247] Yi, Youjae. Contextual Priming Effects in Print Advertisements: The Moderating Role of Prior Knowledge [J]. Journal of Advertising, 1993, 22 (1): 1-10.

[248] Yoo B, Donthu N, Lee S. An examination of selected marketing mix elements and brand equity [J]. Journal of the Academy of Marketing Science, 2000, 28 (2): 195-211.

[249] Yoo C, Macinnis D. The brand attitude formation process of emotional and informational ads [J]. Journal of Business Research, 2005, 58 (10): 1397-1406.

[250] Zarei G, Asgarnezhad Nuri B, Noroozi N. The effect of Internet service quality on consumers' purchase behavior: The role of satisfaction, attitude, and purchase intention [J]. Journal of Internet Commerce, 2019, 18 (2): 197-220.

[251] Zha W, Wu H D. The Impact of Online Disruptive Ads on Users' Comprehension, Evaluation of Site Credibility, and Sentiment of Intrusiveness [J]. American Communication Journal, 2014, 16 (2): 15-28.

[252] Zhang S, Markman A B. Overcoming the Early Entrant Advantage: The Role of Alignable and Nonalignable Differences [J]. Journal of Marketing Research, 1998, 35 (4): 413-426.

附　录

附录 A：实验一刺激物设计

1. 实验一刺激物

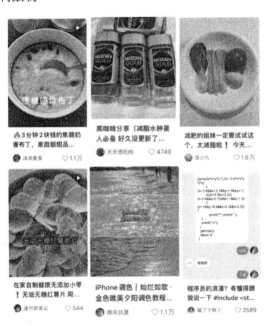

原生广告单独呈现

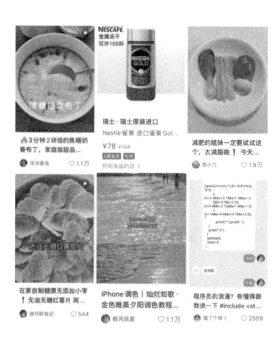

展示广告单独呈现

原生广告与展示广告共同呈现

2. 实验二刺激物

原生广告单独呈现

原生广告与展示广告共同呈现

附录 B：研究二实验刺激物设计

1. 实验一刺激物

情景：假设您在 知乎 平台上搜索有关"提升生活幸福感的物品推荐"，浏览到以下内容：

要说提升生活幸福感的物品，绝对少不了要提名电动牙刷！以前用普通牙刷，用力小了刷不干净，用力过猛容易弄伤牙龈，而对于牙齿敏感的人来说，刷牙更是一项艰巨的挑战。如果你的生活中也有以上问题，那么，试试电动牙刷吧！绝对颠覆你的刷牙感受。

当我收到新款犀乐小魔刷Major，吸引我的是他这独特的长短刷毛设计，因为新款的刷头，是专门为牙齿敏感的人群而设计的一款刷头，官方称之为分段式刷头，最高的刷毛和最低的刷毛相差3mm，长刷毛可以很有效起到一个缓冲压力，也能清洁牙齿缝隙中的牙渍；而短刷毛则可以起到抛光去渍，减少对牙龈刺激。

使用感受

刷毛在口腔左右甩动的时候，会有一点很舒服的酥麻感觉，应该是采用韩国进口BBC软刷毛的一个效果，不像其他品牌的刷毛较硬。92%的刷毛磨圆率，即是在刷足两分钟的时间，牙龈也不会有出血的现象，暴力刷牙除外。

据我自己用手指在刷毛上轻轻指压，刷毛就可以轻松压弯，而且过后又可以很快的复原，触感柔和，不会出现尖刺的感觉，正因为是这个长刷毛起到了缓冲的作用。

因为这款犀乐小魔刷Major只有99克的重量，出差旅行携带非常方便，再加上采用Type-c接口充电，无需偶带充电器出门。50天左右的一个续航时间，旅途上根本不需要担心没有电量。

推荐链接

犀乐电动牙刷(FiliX) Major伤牙率更低 犀乐小感刷 成
京东
￥ 359.00   去购买 ›

有伴随购买链接

情景：假设您在 知乎 平台上搜索有关"提升生活幸福感的物品推荐"，浏览到以下内容：

要说提升生活幸福感的物品，绝对少不了要提名电动牙刷！以前用普通牙刷，用力小了刷不干净，用力过猛容易弄伤牙龈，而对于牙齿敏感的人来说，刷牙更是一项艰巨的挑战。如果你的生活中也有以上问题，那么，试试电动牙刷吧！绝对颠覆你的刷牙感受。

当我收到新款扉乐小魔刷Major，吸引我的是他这独特的长短刷毛设计，因为新款的刷头，是专门为牙齿敏感的人群而设计的一款刷头，官方称之为分段式刷头，最高的刷毛和最低的刷毛相差3mm，长刷毛可以很有效起到一个缓冲压力，也能清洁牙齿缝隙中的牙渍；而短刷毛则可以起到抛光去渍，减少对牙龈刺激。

使用感受

刷毛在口腔左右甩动的时候，会有一点很舒服的酥麻感觉，应该是采用韩国进口BBC软刷毛的一个效果，不像其他品牌的刷毛较硬。92%的刷毛磨圆率，即是在刷足两分钟的时间，牙龈也不会有出血的现象，暴力刷牙除外。

据我自己用手指在刷毛上轻轻指压，刷毛就可以轻松压弯，而且过后又可以很快的复原，触感柔和，不会出现尖刺的感觉，正因为是这个长刷毛起到了缓冲的作用。

因为这款扉乐小魔刷Major只有99克的重量，出差旅行携带非常方便，再加上采用Type-c接口充电，无需佩带充电器出门。50天左右的一个续航时间，旅途上根本不需要担心没有电量。

无伴随购买链接

2. 实验二刺激物

/04/纽仕兰牧场全脂牛奶

蛋白质含量: 4g/100ml
原生钙含量: 122mg/100ml
脂肪含量: 全脂
产品类型: 超高温灭菌奶
推荐指数: ★★★★★

纽仕兰是新西兰原装进口牛奶，原产地奶牛在专属四叶草牧场放牧，奶牛的主食大多为四叶苜蓿草，盛产4.0g/100ml优质蛋白的专属营养牛奶。蛋白质含量达到4的牛奶在市面上是比较高的；钙含量也达到了122，高钙高蛋白，营养均衡。鲜奶加工，尽量保留原奶营养成分，口味细腻、清香，口感顺滑，仔细咂摸后味稍甜，完全没有生涩感。由于灭菌技术和包装技术已经极大可能的阻隔了细菌污染，自然延长保质期，这款牛奶的保质期长达12个月。

这款牛奶更建议煮着喝，煮过后喝起来更加香甜，还能吃到厚厚的奶皮，味道香浓，包装简洁，价格实惠。与特仑苏相比，特仑苏喝起来更甜，这款更清香，营养价值差不多。

 【京东】新西兰 进口牛奶
纽仕兰4.0g蛋白质全脂纯...

￥120 　＞

有伴随购买链接

/04/纽仕兰牧场全脂牛奶

蛋白质含量： 4g/100ml
原生钙含量： 122mg/100ml
脂肪含量： 全脂
产品类型： 超高温灭菌奶
推荐指数： ★★★★★

纽仕兰是新西兰原装进口牛奶，原产地奶牛在专属四叶草牧场放牧，奶牛的主食大多为四叶苜蓿草，盛产4.0g/100ml优质蛋白的专属营养牛奶。蛋白质含量达到4的牛奶在市面上是比较高的；钙含量也达到了122，高钙高蛋白，营养均衡。鲜奶加工，尽量保留原奶营养成分，口味细腻、清香，口感顺滑，仔细咂摸后味稍甜，完全没有生涩感。由于灭菌技术和包装技术已经极大可能的阻隔了细菌污染，自然延长保质期，这款牛奶的保质期长达12个月。

这款牛奶更建议煮着喝，煮过后喝起来更加香甜，还能吃到厚厚的奶皮，味道香浓，包装简洁，价格实惠。与特仑苏相比，特仑苏喝起来更甜，这款更清香，营养价值差不多。

无伴随购买链接

附录 C：研究二实验刺激物设计

1. 实验一刺激物

情景：某天当您在打开"知乎"（问答社区和原创内容平台），搜索适合大学生的"咖啡"推荐相关问题，随后出现一则用户的分享回答，浏览到以下内容：

情景：某天当您在打开"知乎"（问答社区和原创内容平台），搜索适合大学生的"咖啡"推荐相关问题，随后出现一则用户的分享回答，浏览到以下内容：

本产品为品牌广告

本产品为品牌推广

蓝山风味咖啡是"三合一咖啡"，可也称"速溶咖啡"：是指内含奶精、糖、咖啡三样混合而成的并且是速溶的。主要是便利于上班族、学生党携带在外方便冲泡；或者快捷商务、经济餐饮等追求快速高效消费的场所使用。

蓝山生产国为牙买加蓝山山区，年产量很低。海拔高度要求1700以上。享有盛誉的庄园也只有"科娜斯戴尔"和"RSW"和"摩好"庄园，其中摩好庄园出产的还是pb全豆。山区最高海拔两千多，一般海拔超过1600米的才算"蓝山咖啡"。蓝山拥有非常独特的气候环境，所以才造就独一无二的咖啡。特点如下：

1.低纬高寒区。低纬的地区，因为太阳直射角大，吸收太阳能量多，容易产生地壳变动，很难形成高山，蓝山是这一纬度，难得的海拔2000以上的山脉。温度低的地区，通常还会伴随生长周期慢，品种变异慢，纯正性更有保证；

2.火山灰堆积形成的富含矿物质的土壤。

3.加勒比海环绕着蓝山山脉，属于地中海气候，气候适宜，实际上，蓝山的"蓝"，也是反射的加勒比海水的蓝；以上三种独特环境造就了独一无二的蓝山咖啡。咖啡好坏，无非香/甘/醇/涩/苦/酸。那蓝山咖啡达到——均衡，它各个方面都有90+的水平，如果一定要说，那点是最强的，蓝山咖啡的酸，是种很难得的好酸，并不涩口，这是其他品牌不具备的。

蓝山风味咖啡是"三合一咖啡"，可也称"速溶咖啡"：是指内含奶精、糖、咖啡三样混合而成的并且是速溶的。主要是便利于上班族、学生党携带在外方便冲泡；或者快捷商务、经济餐饮等追求快速高效消费的场所使用。

蓝山生产国为牙买加蓝山山区，年产量很低。海拔高度要求1700以上。享有盛誉的庄园也只有"科娜斯戴尔"和"RSW"和"摩好"庄园，其中摩好庄园出产的还是pb全豆。山区最高海拔两千多，一般海拔超过1600米的才算"蓝山咖啡"。蓝山拥有非常独特的气候环境，所以才造就独一无二的咖啡。特点如下：

1.低纬高寒区。低纬的地区，因为太阳直射角大，吸收太阳能量多，容易产生地壳变动，很难形成高山，蓝山是这一纬度，难得的海拔2000以上的山脉。温度低的地区，通常还会伴随生长周期慢，品种变异慢，纯正性更有保证；

2.火山灰堆积形成的富含矿物质的土壤。

3.加勒比海环绕着蓝山山脉，属于地中海气候，气候适宜，实际上，蓝山的"蓝"，也是反射的加勒比海水的蓝；以上三种独特环境造就了独一无二的蓝山咖啡。咖啡好坏，无非香/甘/醇/涩/苦/酸。那蓝山咖啡达到——均衡，它各个方面都有90+的水平，如果一定要说，那点是最强的，蓝山咖啡的酸，是种很难得的好酸，并不涩口，这是其他品牌不具备的。

显性广告披露语言

隐性广告披露语言

情景：某天当您在打开"知乎"（问答社区和原创内容平台），搜索适合大学生的"咖啡"推荐相关问题，随后出现一则用户的分享回答，浏览到以下内容：

蓝山风味咖啡是"三合一咖啡"，可也称"速溶咖啡"：是指内含奶精、糖、咖啡三样混合而成的并且是速溶的。主要是便利于上班族、学生党携带在外方便冲泡；或者快捷商务、经济餐饮等追求快速高效消费的场所使用。

蓝山生产国为牙买加蓝山山区，年产量很低。海拔高度要求1700以上。享有盛誉的庄园也只有"科娜斯戴尔"和"RSW"和"摩好"庄园，其中摩好庄园出产的还是pb全豆。山区最高海拔两千多，一般海拔超过1600米的才算"蓝山咖啡"。蓝山拥有非常独特的气候环境，所以才造就独一无二的咖啡。特点如下：

1.低纬高寒区。低纬的地区，因为太阳直射角大，吸收太阳能量多，容易产生地壳变动，很难形成高山，蓝山是这一纬度，难得的海拔2000以上的山脉。温度低的地区，通常还会伴随生长周期慢，品种变异慢，纯正性更有保证；

2.火山灰堆积形成的富含矿物质的土壤。

3.加勒比海环绕着蓝山山脉，属于地中海气候，气候适宜，实际上，蓝山的"蓝"，也是反射的加勒比海水的蓝；

以上三种独特环境造就了独一无二的蓝山咖啡。咖啡好坏，无非香/甘/醇/涩/苦/酸。那蓝山咖啡达到——均衡，它各个方面都有90+的水平，如果一定要说，那点是最强的，蓝山咖啡的酸，是种很难得的好酸，并不涩口，这是其他品牌不具备的。

无广告披露语言

2. 实验二刺激物

情景：某天当您在打开"知乎"（问答社区和原创内容平台），搜索适合大学生的"电动"推荐相关问题，随后出现一则用户的分享回答，浏览到以下内容：

情景：某天当您在打开"知乎"（问答社区和原创内容平台），搜索适合大学生的"电动"推荐相关问题，随后出现一则用户的分享回答，浏览到以下内容：

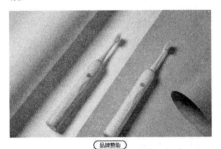

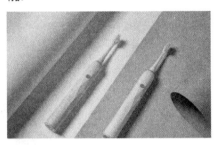

现如今，电动牙刷几乎成了每个时尚家庭的必备生活用品。它以强力清洁、深度清洁、全面清洁在全世界掀起了口腔保健领域的一场深刻变革。备主推未安利的是新晋良心电动牙刷品牌：维乐。维乐刊R功电动牙刷是由深圳市梦微生活科技有限公司生产的一款牙刷产品。它采用维乐Major八项核心技术工艺，拥有德国进口磁悬浮马达、航空级封装与固定工艺、杜邦抗菌刷毛、高度废涂层工艺、恒定刷毛植入数量、专利刷头工艺等特点。

现如今，电动牙刷几乎成了每个时尚家庭的必备生活用品。它以强力清洁、深度清洁、全面清洁在全世界掀起了口腔保健领域的一场深刻变革。备主推未安利的是新晋良心电动牙刷品牌：维乐。维乐刊L功电动牙刷是由深圳市梦微生活科技有限公司生产的一款牙刷产品。它采用维乐Major八项核心技术工艺，拥有德国进口磁悬浮马达、航空级封装与固定工艺、杜邦抗菌刷毛、高度废涂层工艺、恒定刷毛植入数量、专利刷头工艺等特点。

基本情况

当我收到新款维乐小魔刷Major，吸引我的是他这独特的长短刷毛设计，因为新款的刷头，是专门为牙齿敏感的人群而设计的一款刷头，官方称之为分段式刷头，最高的刷毛和最低的刷毛相差3mm，长刷毛可以受有效起到一个缓冲压力，也能清洁牙齿缝隙中的牙渍；而短刷毛刷可以起到抛光去渍，减少对牙龈刺激。

基本情况

当我收到新款维乐小魔刷Major，吸引我的是他这独特的长短刷毛设计，因为新款的刷头，是专门为牙齿敏感的人群而设计的一款刷头，官方称之为分段式刷头，最高的刷毛和最低的刷毛相差3mm，长刷毛可以受有效起到一个缓冲压力，也能清洁牙齿缝隙中的牙渍；而短刷毛刷可以起到抛光去渍，减少对牙龈刺激。

使用感觉

刷毛在口腔左右甩动的时候，会有一点很舒服的酥麻感觉是采用韩国进口3X软刷毛的一个效果，不像其他品牌的刷毛较硬。维乐刊L功电动牙刷为了达到更加持久均衡的负载震幅频率，采用了进口磁悬浮马达，保证了震超持久稳定，减少牙齿伤害，大幅提升清洁力的目的。

使用感觉

刷毛在口腔左右甩动的时候，会有一点很舒服的酥麻感觉是采用韩国进口3X软刷毛的一个效果，不像其他品牌的刷毛较硬。维乐刊L功电动牙刷为了达到更加持久均衡的负载震幅频率，采用了进口磁悬浮马达，保证了震超持久稳定，减少牙齿伤害，大幅提升清洁力的目的。

续航情况

这款维乐小魔刷Major只有DG克的重量，出差旅行携带非常方便，再加上采用Typo-c接口充电，无需携带充电器出门。5G天左右的一个续航时间，旅途上根本不需要担心没有电量。品牌贴心地设计了便行收纳盒，方便我们出差、旅行时的携带，既贴心又实用。

续航情况

这款维乐小魔刷Major只有DG克的重量，出差旅行携带非常方便，再加上采用Typo-c接口充电，无需携带充电器出门。5G天左右的一个续航时间，旅途上根本不需要担心没有电量。品牌贴心地设计了便行收纳盒，方便我们出差、旅行时的携带，既贴心又实用。

有广告披露语言

无广告披露语言

附录 D：研究量表

表 1　研究量表

变量	测项
广告态度	不愉快——令人愉快的
	感到厌烦的——不厌烦的
	不喜爱的——喜爱的
	差的——好的
	没有兴趣的——令人感兴趣的
品牌态度	消极——积极
	差——好
	不利——有利
购买意愿	永远不买——肯定买
	肯定不打算买——肯定打算买
	有低的购买兴趣——有高的购买兴趣
	肯定不买——肯定买
	可能不买——可能买
分享意愿	非常不同意——非常同意
赞助透明度	上述内容让您相信有公司为其付费
	上述内容中出现公司名称
	很清楚是谁支付了上述内容费用
	很清楚是谁创建了上述内容
	上述内容是赞助的
感知欺骗	误导性高——准确性高
	欺骗性高——真实性高
	不符事实的——符合事实的

变量	测项
说服知识	我知道介绍的产品过于完美就不真实
	我很轻松地理解销售人员的促销手段
	我知道营销人员是否在迫使我购买
	我能够识别让消费者购买的销售手段
	我可以区别广告意境和真实情境差异
感知内容质量	包含的信息不足——包含的信息足够
	不包括必要信息——包括所有必要信息
品牌熟悉度	不熟悉——熟悉
	不知名品牌——知名品牌